唤醒生命的语文教育

黄荣华 · 著

湖南人民出版社·长沙

自　序

先引一篇小文——

很喜欢周国平先生一篇文章的题目——《生命本来没有名字》，自见到后，就再没有忘记过。

也许是有着太多不愉快名字的记忆，就特别欣赏这种说法。想一想，自记事起，四五十年了，心里垒得最多的就是这种记忆了。

因母亲老实，于是有了"蠢巴崽"的名字。

因家里穷，于是有了"穷巴佬"的名字。

因母亲过世得早，于是有了"野伢崽"的名字。

因生在山里，走到山外就有了"山里人"的名字。

因生在农村，到城里读书又有了"乡巴佬"的名字。

因以教书为生，又得了"穷教师"的名字。

不惑之年来到上海，又得到"乡下人"的名字。

…………

如果将生活比较着看，与不同的个体比，与不同的群体比，自己头上还有许许多多的无以计数的名字。

人这一辈子，是不是就自觉地不自觉地、主动地被动地深陷名字之中了？我想是的。我们每个人都为名字所绑架，为名字所俘虏，为名字所掩埋！

也许是意识到对名字的恐惧，让我挣扎于、纠结于名字之中，近之远之，逐之放之，喜之恶之，爱之恨之；不知何时可以无视之，不知何时可以虚无之。

但是，在我出入的教室里，在我演绎的课堂上，我尽最大的可能维系着一个没有名字的时空。

我不了解谁谁谁的家庭，不寻问谁谁谁来自哪所学校，不理睬谁谁谁怎么进的附中。在我的教室内，在我的课堂上，大家都是学生。

学生者，学习生长也。因此，无论学习什么文章，无论写什么文章，无论怎么考试，"学习生长"成了我课堂演绎的共名。

于是，孔子作为个体人的生命特质，鲁迅作为个体人的生命特质，莎士比亚作为个体人的生命特质……举凡古今中外作家们作为个体人的生命特质，成了我的语文课堂生命体验的共名。在一部《论语》的学习中，孔子的酸甜苦辣，孔子的喜怒哀乐，甚至孔子的七情六欲，在与弟子们的枝枝节节的生活中渐渐复活了，孔子的形象也渐渐可爱了，孔子的理想也渐渐为学生们所接受了。仁者，爱人；爱人者，仁；爱人者，人。所以，学生就能够将"一视同仁"理解到心中，并尽可能落实到行动中。

我已为名字所伤，我懂得名字的杀伤力。于是，在引导学生走近那些作家生命深处时，我会让他们在那些心灵遭受重创的地方停留、徘徊、观瞻，记取人类是怎样用自己创造的文化进行自我戕害，并为之战栗！

于是，在与学生共同欣赏那些作家们创造的优美语言时，我会引导他们在那些引导人类奔向幸福的里程碑前久久站立，并致以崇高的敬礼，以此激发他们去努力创造"众生平等"的人类生活。在牛汉的《悼念一棵枫树》、杨绛的《老王》、史铁生的《合欢树》、贾平凹的《读书示小妹十八生日书》等许许多多诗文的学习中，作家作为人的禀赋，作为人的情思，作为人的精气神，是怎样坚韧地维系着、生长着，最终成为天地间挺立着的人，会在学生的生命深处刻上深深的印记。

生命本来没有名字。名字是人类创造的文化所赐。人因文化而成为人，人也因文化而命名，因命名而受伤。也许，我们永远不可能无视名字，不可能虚无名字，但我们可以尽可能地淡化名字。

生命本来没有名字。作为一名教师，什么时候蜕去了教师之名，而成为与学生同等的人，也许，那时我真可以说，我是一名合格的现代语文教师。

上面是我写于 2013 年的文字，今天本想就用这篇小文做这本书的"序言"，但觉得还是添上下面几句可能好一些：

万物有灵，人为万物之灵。但人之灵需要唤醒。教育的作用就是人之灵的唤醒，也就是人的唤醒——唤醒人，以人名己，以人名人，以人名物。

海德格尔说，语言是存在的家。人的存在，就是语言的存在；语言的存在就是人的存在。因此可以说，人的唤醒就是语言的唤醒。

进而言之，教育就是引导学习者的语言觉醒。

语文是语言，数学是语言，物理是语言，化学是语言……所有的学科都有其学科特征，但都可统归于语言，语言包括了语文、数学、物理、化学……所有学科。也就是说，语文学科是与其他学科合作，共同完成"引导学习者的语言觉醒"这一教育使命。

生命本来没有名字。但作为一名教师，我们就必定还是要以行动去全力诠释"教师"这一名称所具有的内涵。于我对"语文教师"的理解而言，就是以"生命体验与文化贯通相融相生"的教育行为，去唤醒学生的"人之灵"，唤醒学生的"语言之灵"，以打破"唯我""执我"的"线性"语言，以我名己，亦以我名人，亦以我名物，最终达到有我亦无我、有名亦无名的境界。

也许，这样就是一个觉醒的人。

也许，这就是（语文）教育的根性所在。

2021 年 11 月 28 日于上海

目录

第二篇

语文应该怎么教？

第三篇

复旦附中的语文教学实践

附

第一篇

语文教育的价值在哪里？

语文教育需要面对四大"劲敌"

一、直面功利现象

在金钱至上的不良风气浸染之下，学生有可能成为没有文化的学习主体，作为语文教师，我们需要理直气壮地呼唤理想，使学生从欲海中泅渡上岸。

语文教育要体现或者说获得"教育"的意义，就绝不能与学生一起在欲海逐浪，而要尽力与学生一起打造"诺亚方舟"，以使他能泅渡上岸。那些千百年来为人类所敬仰的伟人们，他们所从事的伟大事业，他们所创造的伟大业绩，他们所表现出来的崇高信仰、坚毅品格、卓越智慧和献身精神，应当成为打造"诺亚方舟"的核心要素。同时我们还需要警惕"猪栏理想""懒汉作风""乡愿人生""精致的利己主义"，拒绝它们在月黑风高之夜前来打劫。

作为语文教师，应当理直气壮地呼唤理想，身体力行地追逐理想，将课堂变为实现自己教育梦想的舞台，要让那些嘲笑消失在你与学生追逐理想的齐心合唱的动人歌声中。

二、直面碎片化生存

人类几千年建立起来的那些永恒的意义，在碎片化生存面前被无情消解，语文教师要花百分之一百二十的气力帮助学生建立人生的绝对价值观。

孩子们，拿破仑·波拿巴
是什么时候
出生的？教师问道。

一千年前，孩子们说。
一百年前，孩子们说。
没有人知道。

孩子们，拿破仑·波拿巴
这一生
做了些什么？教师问道。

他赢了一场战争，孩子们说。
他输了一场战争，孩子们说。

没有人知道。

我们的卖肉人曾经有一条狗，
弗兰克说，
它的名字叫拿破仑，
卖肉人经常打它，
那只狗
一年前
死于饥饿。

此刻所有的孩子都感到悲哀
为拿破仑。

　　赫鲁伯的这首《拿破仑》带给我们的荒诞感与虚无感，正是现在许多年轻人的现实生活。

　　历史上那个伟人拿破仑与我们无关，与我们有关的是卖肉人的那一条名叫拿破仑的狗。历史可以不存在，伟人拿破仑可以不存在，或者说历史与卖肉人等同，伟人拿破仑与狗拿破仑等同。还有什么不可以这样混搭？生活中充满了莫名其妙、不可思议的混搭！

　　当人类几千年建立起来的那些永恒的意义被消解，历史就不再有它可"究"的"天人之际"，不再有它可"通"的"古今之变"，更不会有它可"成"的"一家之言"；现实人生也就不再需要去追问"我为何而活"之类的本质性问题，更不需要去思索"我自哪里来""我到哪里去"等永无解答的终极之问，只需要追求即时性的"酷""爽""超赞"。

学生写作文时引用了一个只有十分钟记忆的男子与他的爱人的这样一段对白：

> "你是谁？"男人问。
>
> "我是你爱人。"女人吻了吻男人的额头说。
>
> "你是谁？"男人又问。
>
> "我是你……爱人。"女人握了握男人的手说。
>
> "你是谁？"男人再问。
>
> "我是你朋友。"女人说。
>
> "你是谁？"男人这样问。
>
> 而那个女人说："我不认识你。"

这段对话太精彩了！它让我想到，相爱的人都会有一个从不认识到相爱的过程，即使是一见钟情也会有一个特定环境中的"一见"。它还让我想到，任何相爱相知的人，都不是合二为一的整体，有重合的部分，也有各自独立的部分。当一方反复追问另一方"你是谁"时，最终一定是双方"互不相识"。这样两个解读结果都是建立在"整体性"人生意义之上的。

但从另一个角度看，这个故事似乎又是在讲"碎片化"人生的可怕。失忆的人是不认识曾经的爱人的，因为"曾经的爱人"

这一概念的形成，需要"历史"记忆，需要"整体"记忆，需要"绝对"记忆，需要"永恒"记忆。但他没有了这样的记忆，只有即时生存的片段，或者说"碎片"，他就生活在这样的"碎片"中。

作为教师，我们既然明白了"碎片化生存"的可怕，就不应该回避学生正在走向"碎片化生存"的事实，就应该从学科的整体建构上动脑筋，尽可能地帮助学生在中小学学习中，至少可以在自己从教的那个学段中，去构建人生的历史性、绝对性、永恒性认知，以形成整体性人生意义。多年来，我坚持让学生在高中三年读完《论语》并融进价值方向与之一致的《古文观止》部分内容，让学生在外国文化学习中明白西方关于"人的发现史"——"人神不分→神统治人→人告别神→人与人分离→人与世界分离、人与自身分离"这样的文化景观。

基础教育就应为学生的未来发展打基础。语文教育应当为学生打什么基础？就目前学生走向"碎片化生存"的实际而言，就是要帮助他们在建立人生的绝对意义、永恒意义上下功夫，要花百分之一百二十的气力帮助他们建立人生的绝对价值观并精心呵护，使他们无论走到哪里，都有清晰的"回家"路线图。

三、直面工具理性

语文教育近年来受工具理性影响，成了应试的工具。语文教师要直面已经习以为常的以知性分析为主的语文课堂，引导学生多诵读，多背记，多体验，多做贴近生命感知的探寻。

工具理性是理性的无限膨胀，表现在行为上就是一切行为都追求效益的最大化。如今，工具理性已极其深刻地影响着我们的教育。我们的教育不是指向难以量化的情感与德性养育，而是指向可以量化的生存技能与发展能力培养，即人在社会中的工具性意义。落实到学校，教育就沦为了提升升学率的工具；落实到家长与学生，教育就沦为了升学的工具。教师、家长、学生，三位一体地驰骋在应试教育的"战场"上。教师，对提升分数有效的就教，其他一概不教；学生，对提升分数有效的就学，其他一概不学。于是，可见可控的数字——分数就成了教育的命根！

语文教育近年来受工具理性的影响，基本上指向语文知识与语文技能教育，成了应试的工具。这样的语文教育是求生存的教育，是不完全教育，它将语文教育对审美的高远追求逐出了教育的家园。

中华人民共和国成立后的语文教育，主要以知性分析为手段。它大致经历了两个阶段：第一阶段是以文章学和现代汉语的基本规则为"武器"，对文本进行分析；第二阶段是自20世纪80年代后期起，以西方现代、后现代语言学与文学批评的基本理论为"武器"，对文本进行"细读"。当今的语文课堂教学总体上是"十八般武艺"错杂使用，但考试所需要的基本上还是第一阶段使用的"武器"。

第一阶段教学使用的"武器"多为言语现象和文章学方面的共性知识。作为入门学习，这些知识确有一些指导意义，但小学、初中、高中十几年一直用这些知识去开展语文教育，就必然导致对言语个性与文章个性的视而不见，使一代代学习者无法感知、认识、体会、欣赏汉语的精义及优美的表达，更不能真正理解、进入、体验诗性的优雅人生，而成为母语感知与表达的贫血症患者，最终使我们诗性、优美的汉语日益贫乏。而让学生花十几年的宝贵青春去反复操练性地记忆一些死知识，甚至是伪知识，更导致学生失去了激发"慧根"、打开"天眼"的最佳时期，失去了开发想象力、形成形象思维力和逻辑思维力的最佳时期。

应当说，第二阶段的文本"细读"确实给语文教学带来了一些新鲜感，也确实解决了文本教学中的一些"微观"问题。但不可否认，文本"细读"实际上是工具理性在文本解读中的典型表现。从本质上说，文学本身是不可"知性"分析的。文本"细读"尤其不适合中国古典诗词。因为中国古典诗词是用世界上最诗性的语言表现的最诗意的生活，任何高明的拆解都将有损于艺术整体性的感知与欣赏。

因此，作为语文教师，我们需要直面已经习以为常的以知性分析为主的语文课堂，充分认识到它的优点与缺陷，引导学生多诵读，多背记，多体验，多做贴近生命感知的探寻；多整体感知，少细碎分析；多做一个大前提下的意义探寻，少做"碎片化"的"多元解读"，以便学生能整体"感悟"、真心"意会"而激发"慧根"、打开"天眼"、"顿悟"真理。这也是我多年来强调放声朗读、大量记诵，坚持在课堂上开展"生命体验"教学的原因。

四、直面假话、套话、空话

受"高大全"话语体系、形式主义和应试教育的影响，现在学生作文假话、套话、空话越来越多，语文教师在教学中要给学生提供真相，揭露假象，使他们"心明眼亮""耳聪目明"。

有一年，复旦附中自主招生出了一道作文题"风吹过"，极少有学生写自己真切感受到的自然之风、社会之风、生命之风，1500份作文基本上是假话、套话、空话：约有三分之一写的是"风吹过想起爷爷、奶奶、外公、外婆……"；约三分之一写的是"风吹过春天、夏天、秋天、冬天"，或各种变体，如"校园""街道"等；约三分之一写的是远古之风吹过或华夏文明之风吹过……面对这样的作文，我真的非常痛苦。要知道，这都是上海市的优秀初中毕业生啊！

其实，这些学生是有生活实感的，他们面对电脑写博文时往往也能抒写真情，为什么一到课堂上写出来的东西就缺少真心实意了呢？作为语文老师，我忍不住要去探究背后的原因。

一是受"高大全"话语体系的影响。

"高大全"话语体系尽管早已败废，但其流毒并没有被完全清除，主要表现就是写作文时被要求"立意高"，或者说强调"有意义"。当小学生写"记一件有意义的事"这类题目时，事实上他就开始了说假话之路。因为要强调有意义，他就被诱导着去做不该选择的选择，被强制渗入不该渗入的空洞概念，逐步失去对世界生动、具体、精细的生命体验功能。

二是受各种形式主义的影响。

由于各种形式主义的影响，学生在各种各样的活动中学会了实实在在地做假。校内外的"形式主义文化"尽管不直接表现在作文中，但它会间接影响学生写作文的心理，使学生把说假话当作理所当然的事。

三是受应试教育的影响。

为了应试，不少学生考前按不同类型背了几篇所谓的范文，到考试时套用。这种情况现在从小学就开始了，非常可怕。于是，我们看到的各种中小学生优秀作文选中的同题作文，作者虽不同，文章却几乎如出自一人之手；即使是不同题目，所写内容有许多也可以互置。

在弄清了学生的假话、套话、空话产生的原因之后，我采取了三个措施，即在阅读教学中引导学生开展生命体验的同时，关注实证，求真求实；在作文教学中引导学生体察生活，"切问而近思"，写出有生活实感、质感的文字；在所有教学中相机给学生提供"真相"，包括真事、真理、真情，揭露假象，尽可能帮助学生掀开生活中的种种遮蔽，使他们向着"心明眼亮""耳聪目明""我手写我心"的大路前行。

语文学习的第一要素是
生命体验

　　语文教学的讨论目前至少已达成了这样的共识：语文教学要从汉语文的特点出发，要遵从汉语文学习的规律。但汉语文的特点是什么？汉语文学习有怎样的规律？目前似乎还没有完全搞清，需要做更深入的探讨。我认为，汉语文的一个重要特征是强烈的生命意识。因此，汉语文学习的一个重要规律就是体验汉语文中存在的生命意识。学习者在体验过程中一方面逐步习得民族语言的运用能力，学会用自己的语言记录、表述自己的生命体验与存在；另一方面不断唤醒自我生命意识，不断增强自我人性意识，最终完成灌注民族精神血脉的大写"人"的塑造。

一、汉语文的第一生命力是强烈的生命意识

　　人们都惊叹汉语文历久弥新的生命力。汉语文的生命力在哪里？在充溢生命意趣的古老汉字中，在张扬生命个性的活性语言

中，在深含生命底蕴的诗性文学中。

1. 汉字充溢生命意趣

世界上没有哪一种文字能像汉字这样绵续几千年而不衰。这一方面是因为中华民族绵续几千年而不衰，另一方面则是因为汉字本身充溢着中华民族活泼泼的生命意趣。

侧面而立的人形为"人"，张开双手双腿的正面人形为"大"，头部特大的正面人形为"天"，头部特大的侧面人形为"元"，头上加簪的正面人形为"夫"，一人跟随一人为"从"，两人背靠背为"北"，三人在太阳底下劳作为"众"，一正一倒的两个人形为"化"，两人相斗怒发上竖为"斗"……表述有关人的概念和范畴的文字灌注民族生命意趣，由上即可窥大概。表述非人概念和范畴的文字呢？臧克和先生在《说文解字的文化说解》中关于汉字"取类方法"的考述为我们提供了甚为方便的几组典型。

"媅"与"葚"，两字反映出"由女子到草木的'人化'倾向：女类衍'甚'得声，传达情感体验；草木衍'甚'得声，指向桑实给人的生理体验"。

"妗"和"棽"，两字都从"今"得声，"分别以'女'、'林'为形符，构成着女子神态和树木枝条状态的对比"。

"姚"和"桃"，"皆从兆为声符而构成对应，二者均有美盛、轻盈之义"。

臧先生还通过"枖""娱"的考述，推导出这样一个系列：天（人体动态）—妖（女子情态）—枖（草木动态），三者共通于"笑"（情态物化），并由此得出结论：汉字取象，"人、物之间，由人及物""观

013

照人本，动态可象，情态难写，又由实到虚，以实象虚"。正是这种取类方法，使表述非人概念和范畴的汉字，也着上了厚厚的生命色彩。

美国哲学家杜维明曾指出，中国哲学的基调之一是把无生物、植物、动物、人类和灵魂统统视为宇宙巨流中息息相关乃至相互交融的实物。李约瑟等西方科学家也曾说，再没有其他地方表现得像中国人那样热心于体现他们的伟大构想——"人不能离开自然"的原则。钱锺书先生则说得更明白："盖吾人观物，有二结习：一、以无生者作有生看；二、以非人作人看。"（《管锥编·卷四》）他们几位所述，其实都在揭示同一问题——"天人合一"的中国文化精神。

正是在"天人合一"的文化精神观照、统摄之下，汉字取象无论"近取诸身"，还是"远取诸物"，实际上都是将民族生命意趣投射、灌注其中。也如戴震的《法象论》所言："日月者，成象之男女也；山川者，成形之男女也；阴阳者，气化之男女也。言阴阳于一人之身，血气之男女也。"因此，汉字独特的表意性，就不仅表现着人化的自然，更表现着自然的人化。正是，宇宙天地都以"我"的性情、"我"的生命而存在，"以我观物，故物皆著我之色彩"（王国维）；以物照我，故我皆在物之中。这样，每一个汉字，无论是表现人还是非人，都充溢着民族独有的生命意趣。

2. 汉语张扬生命个性

富于生命意趣的汉字进入活性语言中，语言立刻就张扬出生命的个性。应该说，这是汉语的一个重要特征。这一特征同样源自"天人合一"的民族文化精神。"天人合一"的立足点是人的主观体验与感悟，如《中庸》所言："唯天下至诚，为能尽其性；能尽其性，则能尽人之性；能尽人之性，则能尽物之性；能尽物之性，则可以赞天地之化育；可以赞天地之化育，则可以与天地参矣。"所以，汉语言处处充溢着人性的机悟，显现着生命的跃动——一切皆出自"我"意。

庄子说："语之所贵者，意也。"（《庄子·天道》）范晔说："情志所托，故当以意为主，以文传意。以意为主，则其旨必见。"（《狱中与诸甥侄书》）陈骙说："故辞有缓，有急，有轻，有重，皆生乎意也。"（《文则》）由于言说者注重的是主体的"意"，语言的组织就自然在"意"的役使之中。这既体现着民族共通的文化心理，又体现着言说者的个体心性。作为民族共通文化心理的表现，语言的自然之序即常序展示的是民族的总体精神或曰大生命。如中国人非常注重大小、上下、主从、尊卑、长幼、远近、男女、夫妇等关系，语言就常常对应着大小有序、上下有级、主从有分、尊卑有礼、长幼有差、远近有距、男女有别、夫妇有义等。由此扩展开去看，差不多就可以说，汉语言的内在联系和秩序几乎全部包孕在这些对应关系之中。

作为言说者个体心性的表现，语言的随机性即变性原则又展示着言说者的个体精神或曰小生命。这也是汉语言永远年轻的最重要的原因。大致来说，语言的随机性主要表现在言说者对已有语言秩序的突破。《世说新语·惑溺篇》有这样一段文字："王安丰妇常卿安丰。安丰曰：'妇人卿婿，于礼为不敬，后勿复尔。'妇曰：

'亲卿爱卿，是以卿卿。我不卿卿，谁当卿卿？'遂恒听之。"现在还经常用到的成语"卿卿我我"最初之源就在这里。这里，妇人的语言既合常序，又处处变序，生命机智在随机喷发的语言中如灵光闪耀。尽管相隔已有一千多年了，但读罢这段文字，那位我行我素的奇女子的言语犹在耳边，其形容神采宛在眼前。这位奇女子"奇"在哪里？一是以"卿"（你）称丈夫，敢于突破夫妇有义之礼，用今天的话说就是敢于争取与男子平等的权利，在那时（魏晋时期）是非常了不起的举动；二是一连以八个"卿"字回敬丈夫，既有强烈的自我意识，又全在情理之中，无丝毫痞气，无丝毫娇气，无丝毫怒气；三是将"卿"字两两重叠，使其产生多重变序效果，在令人瞠目中进入语言的高妙境地，最终获得语言的突破。这种突破正是言说者追求个性理念而喷发的生命激情。它是生命机智和灵光的闪现。在很大程度上说，语言的机智决定着语言的变序效果，而很显然，生命的机智又决定着语言的机智。

王力先生在《中国语法理论》中说："就句子的结构而论，西洋语言是法治的，中国语言是人治的。"汉语言的"人治"，其实不只在句子的结构方面。句子的结构仅仅是语言的形式，句子的意味才是语言的内核。汉语言的"人治"更体现在句子的意味中。比如，"你""不""去""了"这四个字，我们可以根据不同的需要产生出不同意味的句子：①"你不去了"，②"你去不了"，③"你去了不"，④"不去了你"，⑤"去了不你"，并且随着语气的不同，每个句子都可以表示多种不同的意味。所以从本质上说，汉语是"人治"语言。语言"人治"，人的生命个性、精神意趣，就理当成为第一要素了。

3.汉文学深含生命底蕴

宗白华先生说，"艺术为生命的表现"。这是概而言之，具体到汉文学，则可以说一部中华文学史，就是一部色彩斑斓的中华民族生命史。《庄子》与庄周，《楚辞》与屈原，《史记》与司马迁，陶诗与陶潜，唐诗宋词与李白、杜甫、苏轼、陆游等唐宋诗人词人，元剧与关汉卿、王实甫，《红楼梦》与曹雪芹，《呐喊》《彷徨》与鲁迅……绚烂多姿的文学正是绚烂多姿的人生写照。不可胜数的作品表现着不可胜数的作家，不可胜数的作家将自己的生命灌注于不可胜数的作品之中。于是，两个不可胜数，汇成源远流长的中华"文学—生命"之河，奔流不息，浩浩汤汤。于是，从"路曼曼其修远兮，吾将上下而求索"中，我们读懂了屈原；从"究天人之际，通古今之变，成一家之言"中，我们认识了司马迁；从"采菊东篱下，悠然见南山"中，我们理解了陶渊明；从"大江东去，浪淘尽，千古风流人物"中，我们仰视苏东坡；从"今宵酒醒何处，杨柳岸，晓风残月"中，我们感喟柳三变……

清人叶燮论诗时说，诗中表现的"事""情""理"三种内容，全部紧贴诗人本身的人生，"事"反映诗人多种多样的生活经历和人际遭遇，"情"淋漓尽致地表现诗人各式各样的人生欲念和人生感慨，"理"述说诗人不尽相同的人生概念和人生哲学。叶燮的这段论述虽是就诗而言的，但同样适合其他文学体裁。可以说，无论是诗人，还是散文家、小说家、戏剧家，他们作品中所述的"事""情""理"，都是作家对自我人生体验的开掘与把握。有了这种开掘和把握，就有了心灵底层的灵光闪耀，作品就有了灵魂，有了生气。这灵光与生气，就是作家个体生命的凸显。正是这自古而今的一代代作家的个体生命凸显与灵光闪耀，就使人们得以从浩瀚无垠的中国文学作品中感受到中华民族生生不息的民族精神，认识到中华民族几千年来一脉相承的民族生命形态——生存、繁衍、发展与困惑、探求、奋斗，生活性情与搏击精神，生老病死与喜怒哀乐……正是这充满强烈生命意识的中华"文学—生命"之河，给了人们以强大的生命动力。从很大程度上说，我们的民族之所以几千年来生生不息，是因为我们可以从永远奔流不息的中华"文学—生命"之河中，不断地获取生命所需的种种营养，或者说是中华"文学—生命"之河哺育着我们。

这里特别要指出的是，儒家文化几千年来一直是中国的主流文化，其基本原则已成为中国人特别是中国知识分子的生活方式和情感体验方式，或者说文化本能，所以中华"文学—生命"之河的主流自然也是深烙儒家文化印记的生命形态。便是在 20 世纪初那样一个狂飙突进的文化大转折时期，便是最猛烈地攻击儒家文化的旗手鲁迅，其行为方式和情感方式也基本上是在儒家文化的规范之中。比如儒家文化的一个重要原则——君子必须有承担的勇气，而不可消极无为放弃责任，几乎被那个时代的所有启蒙战士和革命战士忠诚地实践着。鲁迅的"我以我血荐轩辕"的诗句即是这一现象的典型体现。中华"文学—生命"之河中的儒家文化脉流对我们的影响是最深、最广、最透的。

二、汉文学品读的固有特征是读者生命的化入

钱锺书先生在《中国固有的文学批评的一个特点》中说："这个特点就是：把文章通盘的人化或生命化。《易·系辞》云：'近取诸身……以通神明之德，以类万物之情'，可以移作解释；我们把文章看成我们自己同类的活人。《文心雕龙·风骨篇》云：'词之待骨，如体之树骸，情之含风，犹形之包气……瘠义肥词'；又《附会篇》云：'以情志为神明，事义为骨髓，词采为肌肤'……这种例子哪里举得尽呢？我们自己喜欢乱谈诗文的人，做到批评，还会用什么'气'、'骨'、'力'、'魄'、'神'、'脉'、'髓'、'文心'、'句眼'等名词。翁方纲精思卓识，正式拈出'肌理'，为我们的文评，更添上一个新颖的生命化名词。古人只知道文章有皮肤，翁方纲偏体验出皮肤上还有文章。"

丰子恺先生在《谈自己的画》一文中说道："欢喜读与人生根本问题有关的书，欢喜谈与人生根本问题有关的话，可说是我的一种习性。……我所见的文艺书，即使最普通的《唐诗三百首》《白香词谱》等，也处处含有接触人生根本而耐人回味的字句。例如我读了'想得故园今夜月，几人相忆在江楼'，便会设身处地地做了思念故园的人，或江楼相忆者之一人，而无端地兴起离愁。又如读了'流光容易把人抛，红了樱桃，绿了芭蕉'，便会想起过去的许多的春花秋月，而无端地兴起惆怅。"

由上述抄录的两段文章，我们即可清晰地看到，汉文学品读与汉文学本身一样，都荡漾着真挚的生命激情，表现着真切的生

命体验。借用佛家语就是"悟"。严羽在《沧浪诗话》中说道："大抵禅道惟在妙悟，诗道亦在妙悟。"《诗人玉屑》卷十五引范温《潜溪诗眼》论柳宗元诗云："识文章者，当如禅家有悟门。夫法门百千差别，要须自一转语悟入。如古人文章直须先悟得一处，乃可通其他妙处。"悟，是一种极富生命驱动力的思维形态，它介于感性思维和抽象思维之间，具有极强的穿透功能和原创功能。没有"悟"点醒的文章是"死"文章。悟，体悟，实际上是连通读者与作者两重生命的心灵之桥。这种体悟往往是突发的，因此也最具生命灵光。这让我们想起了金圣叹。金圣叹以自己的体悟圈定中国几千年文学中的"六才子书"，并将生命的激情以评点方式注入《水浒传》和《西厢记》之中。他时而引证经史，时而旁涉诗文，时而成为作者腹内蛔虫分析文章肌理，时而成为人物判官评判其行为巧拙，有时甚至情不自禁地拍案惊奇；他既恸哭古人，又留赠后人，还做与读书人并坐、并读、并听、并笑的朋友。由于他的评点许多是突发的灵光闪现，因此就不时闪耀真知灼见，常有妙笔生花或妙语解颐之处。

汉文学品读的生命化入特点，也是民族文化心理的映现。以人的生命体作为体悟文章的基本，从本质上说，是立足人的生命小宇宙与自然或文化的大宇宙构成一种对应结构，并在对应中发生生命潜移。"我们对于世界的认识，不过是一种比喻、象征的、像煞有介事的、诗意的认识。用一个粗浅的比喻，好像小孩子要看镜子的光明，却在光明里发现了自己。"（钱锺书语）西方人也讲生命潜移，但绝不像中国人这样将生命潜移推向极致。观山则情满于山，观海则意溢于海，观文则气充于文，是中国人才有的生命潜移与化入。

"化"字在甲骨文中写作"𠤎"，是一正一倒的两个人形。借用这个会意形象，我们可以说，作者一个跟头把生命化入文章之中，读者又一个跟头将生命化入文章之内，而后再将作者的生命与自己的生命一块化出文章之外。一个"化"字，正状写了中国人文章写作与品读的双重意义。宗白华先生说过，艺术家用艺术来表现生命，而给予欣赏家以生命的印象。中国人在生命的双重化入化出中，不仅借文章认识了他者，认识了自我，而且借文章发现了自我，创造了自我：发现自我的情操与智慧，发现自我的生命方式；创造自我的新性情，创造自我的新生命。

曹雪芹创作了《红楼梦》，《红楼梦》创造了曹雪芹！

金圣叹化入了《水浒传》《西厢记》，《水浒传》《西厢记》化出了金圣叹！

三、生命体验是语文学习的第一要素

汉语文的学习规律现在得到多数人认可的重要一条是：学习者的"自我感悟"。这是为千百年来中国人的语文学习实践所证明了的一条行之有效的路。它之所以有效，是因为汉语文的某些重要特征与之相吻合，比如汉语的意合法。汉语的意合法从本质上排斥学习者以"格物"为特征的知性分析方法，即逻辑思维的方法，却天然地与学习者的心理直觉相吻合。完形理论认为，当外部事物的完形出现在我们面前时，外部事物所包含的"力的样式"与

主体内部的"力的样式"发生"力的作用",这样人们便可以直接感受到"活力""生命""运动""动态平衡"等性质,从而达到对事物本质的理解。汉语文学习过程中的"自我感悟",即是学习者主体内部"力的样式"与汉语文这一外部世界所包含的"力的样式"发生"力的作用",而获得的直觉感受。因这种直觉感受的获得要求感受者内部的某种组织、结构和联系与感受对象内部的某种组织、结构和联系二者在整体上、结构上发生"异质同构",且特别强调整体上的"同构",所以要求学习者从整体上去感受学习对象。而汉语的意合法在很大程度上使语言不可拼装或拆卸,要求学习者从整体上去把握,因此它天然地欢迎直觉感受法。这种以直觉感受为基本特征的"自我感悟",也是一种生命体验。但本文所说的生命体验,并非仅止于此,而是涵盖了"自我感悟"的更大程度上切合汉语文特征和民族心理品格的集自我体认、感知他者、自我创造于一体的语文实践活动。

首先要强调的是,语文学习的过程就是语文实践的过程。这一点很重要。这不是一个方法问题,而是一个观念问题。它至少应包含三层不断深化的意义:语文学习是学习者的主体活动;主体活动的内容是语文实践;语文实践是学习者的生命运动。对前两层人们已谈得不少了,这里对第三层略作说明。伽达默尔曾说,我们用学习讲话的方式长大成人。这是一个非常值得人们重视的论断。长期以来,我们并未把语文学习提到这样的高度来看。我们总是用"培养""开发""熏陶"这些使学习者被动接受的词语来限定语文教学的目的和意义,基本上忽略了学习者的主体地位,更忽视了学习者的自身生命运动。而事实是，语文学习者学习语文，就是以自我的生命与世界对话。它不仅仅是学习者在被动或主动地获取语文知识、接受语文熏陶，它更是一个生命体体认自我、感知他者、实现自我创造的内在需求，是一个生命体的存在与发展方式。所以人们说"人即语言的存在""语文就是人""人与语文同在"。

其次要指出的是，人的一切活动都可谓生命运动，但并非所有的生命运动都在发展、创造生命，相反有不少属于"他者残杀"或"自我戕害"。语文实践活动也是一样的。语文学习者要真正使语文实践活动成为发展、创造生命的运动，要获得最佳实践效果，就要找到与学习对象真正契合的中介。这一中介既要符合学习者自身的心理需要和心理品格，又要符合学习对象的固有规律。否则，就有可能沦为伤害生命的运动。

最后，明白了上述两点之后，我们再来看"生命体验"在语文学习中的意义，就更为方便了。

中国文化的核心精神之一是"天人合一"。在这种文化精神的统摄下，人们的"观物""结习"是"以无生者作有生看""以非人作人看"（钱锺书），这就形成了民族心理品格的重要方面——以生命体验的方式去体认世界、接受世界、把握世界。我们不妨以《易经》中的第三十一卦为例作一简略说明。我们说，《易经》之所以被推为群经之首，几千年来一直为人们所敬重，除产生的年代早之外，一个更为重要的原因是其典型地体现了以生命体验方式把握世界的民族心理品格的特点。我们且看一看《易经·咸卦》：

"咸：亨，利贞，取女吉。初六，咸其拇。六二，咸其腓，凶；居吉。九三，咸其股，执其随，往吝。九四，贞吉悔亡。憧憧往来，朋从尔思。九五，咸其脢，无悔。上六，咸其辅、颊、舌。"《咸卦》写男女恋爱，前三爻写小伙子对姑娘的追求，后三爻写姑娘对小伙子追求的反应。全卦爻辞用人的趾、腿、股、背、面颊、口齿等表示双方感情的由浅入深。它的卦象为"䷞"，即山上有泽，山泽相感，山生草木，泽长鱼藻之意，以喻男女双方在爱情上互相影响，互相渗透，互相吸引，不可分离。从这里我们能非常清晰地看到"生命体验"的三重意义：一是以生理感觉表现生命意义，即"体认自我"；二是将生命意义移置于与生命可能感觉到的"非人""无生者"身上，使其成为表现生命意义的载体，以获得生命的永恒喻象，即"感知他者"；三是在生命意义的表现、移置过程中，同时使自我获得新生，即"创造自我"。这样三重共时而生的意义，正是中国人接近于本能的文化心理品格。

人们习惯以生命体验的方式把握世界，而作为汉语文学习者，因其要把握的对象世界——汉语文本身充满强烈的生命意识，其学习活动本身又是一种生命运动，汉语文学习者将生命体验的方式用之于充满强烈生命意识的汉语文学习活动——以学习者运用自如的成熟稳定的与学习对象甚为契合的把握世界的方式作为中介，将学习者与学习对象有机地连接起来，作体认自我生命、感知他者生命、创造自我生命的语文实践活动——生命运动。也即学习者以自己的语言、思想、情感以至整个生命不断与学习对象世界的语言、思想、情感及表现出的种种生命形态发生"力的作用"，在这不断的"力的作用"下使自我不断得到升华——语言能力的升华、思想情操的升华、人格精神的升华，.最终获得新生。

这种语文实践活动的合理性和有效性，事实上早已得到了证明。前文所述汉文学品读的"生命化"及多数人认可的"自我感悟"都从一个方面说明了这一点。在现代教育的大背景下，这种实践活动更是语文学习者的必然行为。

其一，它充分体现现代教育中学习者的主体性原则。现代教育的重要特征之一是发展学生的个性。"生命体验"以学生的个体体验为手段，使学生在自主的学习中不仅实现知识和能力的构建，而且在这一构建过程中实现自我塑造。这正是现代教育所推崇的。

其二，它体现语言学习中学习者的自在性。"语言学习者最终能够学会许多我们由于没有充分的描述而未曾教或无法教给他们的东西，那真是我们的大幸了。"（皮特·科德《应用语言学导论》）我认为，皮特·科德所期待的"大幸"——让学生掌握教师"未曾教或无法教"的东西，是要通过学生的自在行为去实现的。"生命体验"作为一种具有很强个体行为色彩的学习方法，其自在性不言而喻。

其三，它是获得汉语文学习中"意会"的主要途径。教育心理学认为，学习者的学习所得，更多的是在那种心领神会而又不可言说的情形下获得的，因为只有在这时，学习者才真正与学习对象融为了一体而产生"意会"。应该说"意会"比"感悟"更深一层。它是汉语文学习中的一种高境界，借用陶渊明的一句诗，就是"此中有真意，欲辨已忘言"，即所谓"妙不可言"。"感悟"到的东西还可以说一说，尽管很多时候"词不达意"；"意会"是压根就不可言说的。这种"不可言说"的心领神会却恰恰直指汉语文学习的核心。而要获得这种效果，最佳途径就是"生命体验"。一个现代人，面对一种走过了几千年的充溢生命意趣的文字，面对一种由沉淀了几千年的充溢生命意趣的文字意合而成的张扬生命个性的语言，面对由隐含了几千年传统文化信息的张扬生命个性的语言艺术地组合而成的深含生命底蕴的文章，没有一种与之全身心的对话，没有一种真挚的生命体验，是不可能真正进入它的内部的，更是不可能与之产生"意会"的。换言之，一个现代人，只有以自我生命与由古老汉字意合而成的语言艺术作"意会"运动，才可能真正进入语文的内部，才可能在进入语文内部时创造语言并被语言创造。

笛卡尔说："我思故我在。"这一带有普遍意义的概括，我认为很适合用来揭示汉语文学习中生命体验的哲学底蕴。人类以说和写两种语言方式陈述着自己的存在，陈述着自我生命的意义。孩子从开始学话，即已进入"思"的生命体验中，即已成为"在"的生命存在形式；从学话，到识字，到作文，就是"思"的不断觉悟过程，就是"在"的多重存在形式。由于汉语文从记录语言的符号——汉字，到语言本身，再到语言艺术——文学，都是民族生命形态的折射和反映，所以汉语文学习既是"思"的形式与过程——生命体验的形式与过程，又是"在"的形式与过程——生命觉醒与创造的形式与过程，二者共时而在，共时而进，相互阐释，相互发挥。

综上所述，我们认为强调语文学习中的"生命体验"是汉语文的必然要求。"生命体验"在汉语文学习中有着极其重要的地位，是语文学习的第一要素。

因此，汉语文学习中的"生命体验"是一个值得人们普遍关注的问题。

四、生命体验没有对错之分

在"考试主义"的影响下，我们的语文教学总是让学生处在非此即彼、非对即错的两难选择中，学生动辄得咎。这样，本该充满活力、机悟、生命创造的语文学习活动，许多就变成了生硬、枯燥的生命折磨。许多学生随着语文训练的不断"深入"，反而越来越不会说、不会写、不会读，其原因也就在这里。因为在死气沉沉的训练中，他们生命的感觉被一点一点地给"训练"掉了，逐渐失去自我。

学习本身就是一种具有很强个体色彩的行为。强调生命体验就是从学习的普遍规律和汉语文的特殊规律出发，充分尊重孩子的发言权、表述权，即生存权，使他们在学习过程中不断唤醒自我生命意识，增强自我人性意识，使生命不断得到发展。因此，在生命体验中对学生学习的评价原则不是非此即彼、非对即错，而是多少之别、深浅之异、文野之分。

在这样的语文学习中，学生学习的手段重在体验——以个体情感、思维进入语文，以个体情感、思维体验语文，以个体情感、思维表述（口头和书面）体验（表述本身即是一种体验）。以"人"

字为例：

一个孩子刚入小学一年级时，以其最真的情感和最嫩的思维，体验和表述的"人"可能就是爸爸、妈妈，爷爷、奶奶，外公、外婆等，此时在他们的体验中，可能"人"还不包括他们自己，这无疑是很肤浅的，但对此时的他们来说无疑也是最正确的。随着年龄的增长，认知水平的提高，他们对"人"的体验也会逐步扩大、深化、提升。于是，他们慢慢体验到："人"是包括他们自己在内的"一切人"，这是范围逐步扩大；"人"是有别于猫呀狗呀羊呀……的"东西"，这是程度的深化；"人"穿某一件衣服就更好看，说某一句话就更有味，做某一件事就更有趣……这是由野而文的提升。待到有一天，他们终会以自己的美感经验体验到"巧笑倩兮，美目盼兮"之美，体验到"东家之子，增之一分则太长，减之一分则太短，著粉则太白，施朱则太赤。眉如翠羽，肌如白雪，腰如束素，齿如含贝。嫣然一笑，惑阳城，迷下蔡"之妙，体验到"惟人万物之灵"之深、之弘、之博、之绝……并以"自己"的语言表述这种种体验。

在这样的语文教学中，教师的作用主要有三：一是必要的知识传授，二是设计体验课题，三是对学生的体验进行引导。第二点充分体现了教师的主动性，也充分体现了教师水平的高低。它要求教师真正做到因材施教，针对学生个体的不同性格特征、认知水平、情感向度等，设计体验课题。第三点充分体现了教师的化育功能。它要求教师对学生的体验作由浅而深、由野而文、由下而高的引导。我们认为，"人类灵魂的工程师"这一称号，在这里可以找到非常恰当的注脚。

　　"语文学习的第一要素是生命体验"这一话题的提出，是源于我的教学实践。我们在教学中发现，语文素质高的学生，都是在学习中具有语言体验特征的，他们对生命的感觉特别灵敏，总能从文字中体会到其他同学所不能体会到的东西，总喜欢在课下探讨他们的一些独特感受，并用自己的语言把这种独特的东西记录下来。作为老师也就有意无意地维护学生这些独特的东西，因为我们把他们的这些独特之处看作生命觉醒的特征。沿此思考而下，便产生了这样一篇东西。作为写作者，我们是期待着它能引起人们注意的。因为我们确信，生命体验在语文学习中有着极其重要的地位。没有生命体验的语文学习是无生命学习，无生命学习是与生命的发展与创造无缘的。

中学语文应重视引入
"汉字单元文化"

　　张武英先生的《"文化教学"进入语文教学大纲的探索》一文，曾在《语文学习》刊载，该文对文化因素进入中学语文教学的必要性和可行性作了充分的论述，可谓触到了中学语文教学中的一个深层问题。本文拟就"中学语文建立'汉字单元文化'概念"的话题，结合课堂教学实际展开探讨。

　　语言学研究表明：语言的运用，归根结底是与某个社会群体的认知方式、道德规范、文化传承、价值标准、风俗习惯、审美情趣等特定的文化因素相关联的；语言运用的得体，既要遵循语法规则，又要遵循文化规则。由于汉语的组织特点是"文便是道"，"以意役法"（即意义控制形式），"意在笔先"，故文化原则在汉语的组织运用中更有着突出的意义。又由于汉语是由汉字联属而成的，而汉字是世界上最古老的文字之一，更是世界几千年中唯一没有中断其历史的文字；每个走过几千年的汉字都有深厚的文化沉淀，可谓一个汉字就是一个广博精深的文化单元，就是一个意趣醇厚的审美单元；且汉字在汉语的组织中本身常具有独立的语法意义，常常一个汉字就是一个语法单位，因此，多数汉字在汉语的组织中都具有文化单元和语法单位的双重意义。故此，要让学生准确地表述自己的观点，得体地与人交际，就要让他们既懂得汉字具有的最一般的语法意义，又要了解汉字后面隐含的丰富的文化信息——单元文化。

然而，汉字教学长期以来却停留在让学生会认、会写、明白它的一般语法意义和表层文化意义的目标上，而没有注意到汉字单元文化的重要意义。汉字丰厚的文化意蕴和审美趣味，依然被人们一如既往地忽视了。因此，汉字在语文教材和教学中一直充当平面、粗浅、无甚意趣的技术符号的性质并未从根本上得到改变。

语文教学效率低下的症结何在？一个重要的原因就是长期以来对汉字单元文化和汉字审美意义的漠视。在这样的语文学习中，学生由最初的眼前一片茫然，到最终的思想无根、情感浅薄，写出的文章无文采无感觉可言，当然就是不可逃脱的厄运。某一年的高考作文题要求考生写一篇关于自己心理承受能力的文章，结果有相当一部分考生写了高考前父亲或母亲亡故，以此来反衬自己的坚强。这是一件叫人不寒而栗的事！几千年中国社会极其强调的那个"孝"字，在某些人笔下竟如此淡薄，与我们语文教学对汉字单元文化的漠视、对汉字承传传统文化功能的漠视关系甚大啊！

鉴于上述理由，我认为，在中学语文学科中建立起"汉字单元文化"概念，注重汉字承传传统文化的功能，恢复汉字在语文教学中的"本来面目"，应成为当下语文教改的题中之义。

建立"汉字单元文化"概念，就是把每个汉字看作一个文化单元，教学中尽可能地使学生感知、接受汉字所背负、承载的文化信息，让他们在感知中理解汉字，真切地体会到汉字的种种美趣，进而培养起对汉字的亲近感、爱恋感，最终走进汉字之中，融入汉字之中。这样，语文教学就有可能达到事半功倍之效。

这使人们想起传统的语文教材，特别是那些蒙学教材。《三字经》《百家姓》《千字文》《龙文鞭影》……这些历经了几百上千年的教材，都可谓集识字教育与文化教育于一体。它们在让孩子认读单个汉字的同时，又充当传统文化的承传者，使每个汉字都传递着丰富的文化信息。应当承认这些教材的有效性，否则绝不会历经几百上千年而不衰。科学巨匠杨振宁至今对《龙文鞭影》充满深情，当在情理之中。当然，今天不可能直接使用这些教材，但可从中受到启示。

一方面，应尽可能多地选取有丰厚文化承载的文章，有层次、有梯度地编入中学各年级的课本中。这就要求彻底清除偏激的思想，把那些适合中学生年龄特征的文质兼美的文章，从历史的尘封中遴选出来。现代作品也可选取一些；当代作品因先天不足，可以少选。

另一方面，可以以单个汉字或一组汉字为题，以汉字单元文化为基本内容，约请专家撰写专题文章，将其有层次、有梯度地列于各年级的课本中。从我的教学实践来看，学生是非常喜欢这类知识的。他们对汉字深层文化信息极感兴趣，特别是对那些习焉不察的内容投之以青睐。例如，在讲《荆轲刺秦王》时，对有关"士"的问题，我作了这样的扩展：

汉语中有关男子的称呼，"士"是最美的称呼之一。

"士为知己者死，女为悦己者容。"这里的"士"与"女"相对，是对男子美称的典型例证，它展示了"士"字所蕴含的美意识的重要方面——男子的信、义、勇、猛、壮、烈等。正如李贽所言，"宁义而饿，不肯苟饱；宁屈而死，不肯幸生。"我们称这样的"士"为"信士""义士""勇士""猛士""壮士""烈士""侠士"等。

"士不可以不弘毅，任重而道远。"这是孔子的大弟子曾子说的话，意思是"士"要有远大的志向、坚忍的毅力，因为责任重大，路途遥远。很显然，这里的"士"也展示了"士"字所蕴含的美意识的重要方面——男子的抱负、坚毅、以天下为己任，即儒家所倡导的大丈夫人格。具有这种人格的人既具有远大的理想和抱负，又有不屈不挠的精神、激昂向上的斗志，是社会的脊梁，是时代的英雄。所以，我们满怀崇敬之情称这些英雄为"仁人志士"。

"旌蔽日兮敌若云，矢交坠兮士争先。"这是屈原《九歌·国殇》中的诗句。诗句中的"士"即指拼杀沙场的战士，亦展示了"士"字所蕴含的美意识的重要一面——男子的忠毅、英武、为保家卫国而舍生忘死的英雄气概。自古以来，人们都敬仰驰骋疆场、英勇杀敌的英雄。从《诗经·大雅·常武》到《谁是最可爱的人》，中华文学史上留下了无数热烈礼赞卫国壮士英武不屈、视死如归的精神的诗文。

学生对这一扩展表示出了极高的热情。学生对汉字背后所隐含的丰富的文化信息有着浓厚的兴趣，根本原因是这些信息许多原本就沉睡在他们的体内，混杂在他们的意识中。教师的讲述只是把这些信息唤醒、清理一遍而已。要知道，学生并非天生就与汉字有隔膜，相反，他们对汉字潜在的亲近感、爱恋感是与生俱来的。汉字单元文化教学就是要将学生对汉字潜在的亲近感、爱恋感变为现实的行动。

实施汉字单元文化教学，肯定不能离开汉字美学。汉字美学是汉字文化的一部分。这里把二者区别开来，把汉字美学从汉字单元文化中独立出来，是想引起人们的特别关注。汉字美学是一个相当宽泛的概念，本文所指主要是汉字的意象美、形态美、声韵美等几个方面。中学语文的汉字美学教学，就是引导学生从这些方面去感受汉字、认识汉字、理解汉字，以培养他们关于汉字的美学趣味。现在中学语文接触到了这些内容，可惜只是点到为止。

这些内容在教学实践中也是很受学生欢迎的。比如，在提及汉字的哲理美时，我以"化"字为例，作了如下讲述："化"字，甲骨文写作"𠤎"，是一正一倒的两个人的形象。变化之大莫过于颠倒，先民们用人形正倒来表示变化的意思。这至少传达了下面几重信息：变化之大莫过于颠倒，变化之大莫过于人的颠倒，人事的颠倒体现事物的正反关系——化为乌有，化为泡影，化险为夷，化干戈为玉帛，化腐朽为神奇……"化"字体现的是事物的矛盾法则；

感化，教化，风化，文化……"化"字体现的是事物的联系法则；造化，化生，化育，现代化，一体化……"化"字体现的是事物的生成法则；融化，消化，化解……"化"字体现的是事物的消亡法则。此消彼长，彼消此长，化此为彼，化彼为此，这就是"化"字传达给我们的第一感受。

"化"字取人一正一倒之形表无限变化之意，字形的具体与表意的抽象构成了它独特的意象美。从楷化后的笔画看，"化"字撇如"陆断犀象"，竖如"万岁枯藤"，竖弯钩如"百钧弩发"；从结构看，"化"字动中取静，静中取动，"若坐若行，若飞若动"；从符号意义看，"化"字所激发的是有关人的一切事物变化的种种联想。看到这一符号，人们眼前就会呈现出种种关于"化"的意象，由此及彼，妙趣横生。

学生听后既感新鲜，又受启发。我们为什么不能顺应学生潜在的心理需要，适当地穿插一些有关汉字美学的内容到中学课堂？

汉字的美学趣味中，汉字的求偶性非常独特。这最典型的体现当然是对联。对联这一汉语文字独特的文化，千百年来一直受到人们的青睐。语文教材能否在这方面有所考虑？传统蒙学教材《声律启蒙》曾备受欢迎，能给我们一些什么启示？

汉字的求偶性，更大量体现在平常的语言组织运用中。"君臣""父子""祖孙""天地""日月""老少""大小""长短""哭笑""打骂""生存""呼吸""古今""中外""你我"……举凡一切，只要语言能企及的地方，就有汉字求偶的地方。正是这大量存在的汉字求偶现象，使汉语文辞简约而意蕴丰厚，且富含理趣。中学语文教材若能在这方面也作些扩展，让学生感受到自己时刻运用的语言文字竟有这等趣味，肯定也会收到良好的效果。

中学语文不能拒绝 "现代主义"

翻开几十年来的中学语文课本，我们很难找到一百多年来在世界范围内异常活跃的"现代主义文学"的踪影，更不要说"现代文论"与"后现代文论"的迹象了。

原来，我们一直在拒绝它们，我们至今还在拒绝它们。

一是拒绝"现代主义"作家。"现代主义"作家无论是外国的还是中国的，都不在我们"中学语文"的视域之内。从唯美主义大师王尔德开始，"中学语文"基本上弃绝了欧美现代主义作家，哪怕这些作家自产生以来一直影响着世界文坛，如大诗人从波德莱尔、庞德到艾略特，如意识流大师从艾杜阿·杜夏丹、马赛尔·普鲁斯特、詹姆斯·乔伊斯到海明威，如存在主义大师萨特、加缪，如表现主义大师卡夫卡，如魔幻现实主义大师马尔克斯，如被誉为"作家们的作家"的博尔赫斯……我们还基本拒绝了中国现代主义作家，诗人从李金发、卞之琳、穆旦到北岛，小说家从施蛰存、穆时英到马原……

二是拒绝"现代文论""后现代文论"。中学语文界，从专家学者到普通教师，多数人的看家理论是"现实主义"与"浪漫主义"。无论是教材还是教参，无论是课堂教学还是案头教研，这两个"主义"基本上把古今中外的所有作家作品给"收拾"了。至于现实主义之后不断涌现的各种现代、后现代文论，如"唯美主义""直觉主义""象征主义""现代心理学文艺理论""俄国形式主义""存在主义""结构主义""解构主义""西方马克思主义""现代阐释学""现代接受理论"等，无论它们对解读文学有多大意义，我们都很少接受。

因为有了这两个拒绝，即使课本中选有现代主义作品，也会被我们强行纳入现实主义或浪漫主义的范畴之内进行解读，符合这两个"主义"的因素我们接受，不符合的则有意无意地回避。如鲁迅、戴望舒、闻一多、卞之琳等写作的一些现代主义作品，如海明威、卡夫卡的作品，我们中学语文在解读时基本上回避了它们的"现代主义"成分。这是一个令我们惊诧的事实！新时期的中国教育一直在追求"三个面向"（面向现代化、面向世界、面向未来），"中学语文"却一直在拒绝着面向"现代主义"！这是一个令我们更加惊诧的事实！

为什么会这样？

一是有意为之。在一些学者与教师看来，现代主义文学是资本主义进入垄断时代之后，现代反理性主义种种哲学和社会思潮的产物，较多地表现了现代欧美人在某些社会问题中的病态心理，不适合我们的中学生学习。

二是无意拒绝。因现代教育的不足，在许多专家与教师的文学观念中，"现实主义"与"浪漫主义"之外无文学。因此，所有的文学作品都应遵循这两个"主义"；因此，所有的文学作品，只要能纳入这两个"主义"之中，就全部被纳入其中；因此，可以把屈原解读成中国第一个伟大的浪漫主义诗人，把李白解读成继屈原之后的又一伟大的浪漫主义诗人，把杜甫解读成中国最伟大的现实主义诗人，把《红楼梦》解读成一部中国封建社会的没落史，至于屈原、李白、杜甫、《红楼梦》所体现的其他文学因素（可能是更重要的）则都可以忽略；因此，所有不能纳入这两个"主义"之中的作品或作品中的其他因素，就自然而然地被我们拒绝了。

在我看来，无论是有意为之还是无意拒绝，都带来了严重后果。

众所周知，我们大部分学生中学毕业后就难有很多机会接受高雅的文学教育了，更不要说文艺理论教育了。他们就带着中学时代的那点"精神底子"进入大学，甚至走向社会。如果中学语文拒绝了现代主义文学，那么他们就可能一辈子与现代主义文学无缘了。

这样做最直接的后果是，整个社会很少有人能真正阅读现代主义文学，因为他们不得其门而入。老师不能领进门，学生也就读不懂；学生的学生依然读不懂！这就构成了一种恶性循环。这也就是目前中国社会普遍拒绝现代主义文学的最直接的原因。（近十年来，书店里现代主义作家的作品不少了，但除了一些专门人员外，只有少数真正的文学爱好者才去翻翻，且多是冲着这些大师的大名而去的，买回这些作品后则鲜有能真正进入其中者，多数人是对这些作品的误读。）

由此而带来的更深层的后果是：可能导致整个社会陷入偏狭的文学观念中，从而出现对现代人的误读和人的自主建构的艰难。

以诗为例。现代诗人从波德莱尔至今，已有一百多年历史了。在这一百多年间，世界上产生了像波德莱尔、魏尔伦、兰波、马拉美、瓦莱里、阿波里奈、布勒东、叶芝、休姆、庞德、艾略特等一大批"世界性"诗人。但在我们中学语文界的多数人的言语学仓库中，这些名字竟都不存在。现代诗人们通过不懈的努力，把诗由表达人的情感发展到表达人的意识、人的全部精神活动，使诗的内涵得到了很大的拓展、深化，这是浪漫主义时代不能想象的。自波德莱尔开始，现代诗人们从重视对客观世界的主观体验，到把这种体验发展成为诗的"唯一现实"，由此他们发现人的真正声音往往被历史的声音掩盖、压抑，甚至为历史的声音所吞没。于是，在他们的诗作中，人的意识与人的内心活动的原貌、最真实的原始状态得到了真实、生动的表现。这也是已往的现实主义诗作所无法企及的。事实上，整个现代主义文学无论是哪一种体裁哪一种流派，对人的思考与表现在许多方面都超越了已往的文学。我们应当承认，现代主义文学是世界现代文学的重要代表。

由此带来的更为严重的后果是：可能导致整个社会"现代精神"的缺失。

现代主义文学的一个基本特征是现代性。现代性的基本特征是世界性或者说全人类性，这是"现代精神"的重要体现。进入现代，人类终于走到了世界性生产的时代，"过去那种地方的和民族的自给自足和闭关自守状态，被各民族的各方面的互相往来和各方面的互相依赖所代替了。物质的生产是如此，精神的生产也是如此。……民族的片面性和局限性日益成为不可能"（《共产党宣言》）。现代主义文学的现代性大致体现在三个方面：每一种文学思潮、每一个文学流派都在全球范围内产生影响，不再像已往的文学那样局限在某一国度或某一地区；对现代世界、未来世界的思考，对个人生存状态以至整个人类生存状态的关注，超过了已往任何时代的文学；不仅对身边的一切、对世界的一切保持极度的清醒，更对一切传统采取不妥协、不合作甚至完全相背离的态度。这三个方面也可概括为"开放、自省、反叛"三性。这也正是每一个现代公民应具有的现代意识。只有开放，才不会封闭；只有自省，才不会自大；只有反叛，才不会保守。哥白尼是对托勒密的"反叛"，爱因斯坦是对牛顿的"反叛"；白话文是对文言文的"反叛"；现代科学是对封建迷信的"反叛"；现代主义文学是对传统文学的"反叛"……

"悟已往之不谏，知来者之可追。"人教社及上海等地出版社出版的最新版高中语文教材选入了卡夫卡的《变形记》等极少量的现代主义作品。这是一个可喜的变化。但我们认为，这样的数量与一百多年来整个现代主义文学的成就相比，还显得太小了。特别是加上教学中的"变异"与"缩水"现象，这少量作品的教学，很难起到它应有的作用。今天，我们当有勇气将整个现代主义文学"拿来"！这既是语文教学的实际需要，也是时代发展的必然要求。

21 世纪的人类舞台，"全球化"已从幕后走到了台前。信息、技术、商品、人员，特别是货币资本正在全球范围内频繁地往来，市场的开拓与扩张有力而空前地突破了国家、民族、文化、教育及意识形态的传统疆域。互联网、好莱坞电影、奔驰汽车、可口可乐、麦当劳与肯德基……这些异域文化正以所向披靡之势，越来越密集地进入我们的生活。面对这样的全球浪潮，我们更没有理由再将现代主义文学拒之于"中学语文"之外。

当然，现代主义文学走进中学课本，是一个需要认真研究的课题。不仅要把现代主义文学看作一个整体，"运用脑髓，放出眼光""占有，挑选"（《拿来主义》），取其精华，去其糟粕；不仅要尽可能地用适合现代主义作品的理论（当然包括现代文论）去解读它们，尽我们所能去获取这些作品于我们的意义；更要把中学阶段看作一个整体，找到作品与学生（或曰接受主体）的年龄特征和文化精神土壤的最佳结合点，使学生这个接受主体能够真正地吸收作品的精华并内化为自己的精神。第一点容易接受，后两点往往容易忽视。鲁迅作为将现代主义文学中国化的卓有成就的作家，就特别注意到了后两点的重要性。他的《狂人日记》《弟兄》《补天》《影的告别》《死火》等作品，就是将西方现代主义文学中国化的成功之作，就成为中国现代主义文学中的经典。在这些作品中，他不仅成功地借鉴了现代主义的理论，而且很好地找到了西方现代文化在中国生长的精神土壤，即找到了接受主体与"新主义"共振的结合点。他说："新主义宣传者是放火人么，也须别人有精神的燃料，才会着火；是弹琴人么，别人的心上也须有弦索，才会出声；是发声器么，别人也必须是发声器，才会共鸣。"（《热风·圣武》）鲁迅先生所言，恐怕是我们要花大功夫去研究的问题。也恐怕只有解决了这个问题，现代主义文学才能真正成为中学生的"现代精神"食粮，才能真正成为我们全民族的"现代精神"食粮。也只有这样，我们才可能真正处在"现代"之中，处在世界之中。否则，我们就是自我放逐于世界之外。

别玩弄概念，
语文本是朴素的

回想一下，自己加入语义教师队伍的几十年间，一直以"语文是朴实"的保守心态对待不断涌现的新概念。这本来是应当深刻反省与批判的，但今天却有庆幸之感：因为深感如今的中小学语文正被一些"概念"所裹挟。

可以盘点一下，下面这些新概念正在全国大大小小的语文教研活动中、各色各样的课题研究中、不同级别的报纸杂志中横冲直撞："学习任务群""任务驱动""任务单""大单元教学""群文阅读""思辨性阅读""审辨式阅读""整本书阅读""整合式阅读""推论式阅读""生成性阅读""综合实践活动""言语实践活动""思辨性写作""任务驱动型写作""项目化学习""项目化写作""项目化阅读""批判性思维"……

这几天我花了一点时间，专门学习了一些有关语文"项目化"学习的内容，却依然搞不清楚什么是语文"项目化"学习。于是我又请教了几位在语文"项目化"学习方面做得似乎很有味道也很有收获的老师。但在我的追问下，这几位老师对"项目化"学习似乎也存在不少疑虑。我追问的问题如下：

（1）既然是"项目化"学习，那就是要将语文学习全部做成"项目"。请问，小学语文学习共有多少个"项目"？初中语文学习共有多少个"项目"？高中语文学习共有多少个"项目"？

（2）您现在是小学四年级语文教师。请问，小学四年级作文教学由哪些学习"项目"构成？

（3）您现在是高一语文教师。请问，高一阅读教学由哪些学习"项目"构成？

（4）您现在是初二语文老师。请问，初二语文学习"项目"与初一语文学习"项目"的衔接，与初三语文学习"项目"的衔接，有哪几条线索？

（5）学习"项目"与教材构成怎样的关系？

（6）在推进"项目化"学习时，以教材内容为核心，还是以"项目"内容为核心？

我认为，在教学的合适时机，引入"项目"概念，适当地做一些"项目"，是可以激发学生的热情与思维去探索一些问题，提升语文教学效能的。因此，对这种适当的、有效的语文"项目"学习，我是极其赞同的。但我认为，将语文学习"项目化"是不应该的，也是不可能的。

我理解的"项目"学习，是以综合实践活动的方式落实语文学习的意义。其关键在于，如何将这种综合实践活动与语文学习的内容深度契合而产生深度激发，最终实现深度学习与深度开发。但现在看到的许多被认为优秀的"项目"都游离于语文学习内容之外，与教材单元学习的核心相去甚远。倘若我们都进行这样的"项目"学习，那将会离语文越来越远。这是需要引起高度重视的问题。"双新"语文课程，已"创造"了一大堆令老师们摸不着头脑，甚至是头疼的新概念——除了"项目化"学习，还有"核心素养""学习任务群""整本书阅读""思辨性阅读""任务驱动"等。我们再看看关于阅读的新名词，包括"理解性阅读""参证性阅读""批判性阅读""群文阅读""类型化阅读""消遣性阅读""休闲性阅读""成长母题阅读""爱情母题阅读""战争母题阅读""自然母题阅读""故乡母题阅读""时评阅读""新媒体阅读"等。与（高中语文）18 个学习任务群对应的 119 个专题里面的新概念，还有很多很多，这里就不列举了。

我真的不明白，为什么语文界越来越喜欢这么玩概念，是真真正正的花样"百出"、概念"千种"。

记得在 20 世纪 80 年代，"知识点"大行其道的时候，有人编织了"语文知识树"，上面结了 110 多个（有人编的是 90 多个，有人编的是 120 多个）硕大的语文知识果。当时许多教师认为带着学生采摘了这些知识果，学生的语文水平就不得了了。风水轮流转？几十年过去了，现在轮到"项目化"大行其道的时候了？请问会不会有人将这 18 个学习任务群对应的 100 多个专题，全部变成"项目"而将高中语文"项目化"？

这里我还想问一下：全国一线语文教师和引领一线语文教师

的语文研究者、指导者、设计者，有哪位可以"通吃"18 个学习任务群的 119 个学习专题？既然学者、专家和千万语文教师都不能攻下这全新的"语文堡垒"，为何要让我们那些不满 18 岁的高中生，每天还有那么多数学题、外语题、物理题、化学题要做的准考生，"冒着生命危险"去攻克呢？

教书快 40 年了，一路看来，被大家玩死的概念何止 40 个啊！事实上，随着这些概念的消失，语文也随之一点点消失。我们能不能还语文一个清清楚楚、明明白白的"听说读写"？我们能不能还语文教师一个安安静静、踏踏实实的讲台？我们能不能引领学生真真正正地多读点书，把书读透点，把文章写通点？

拜托大家不要玩概念了，语文本来就是朴素的，是极仁厚的！

我的语文生命
历程自述

我是 1984 年开始教语文的，至今已有三十多年。回顾自己作为一名语文教师的生命历程，几个标志性的事件历历在目。

一、"暗胡同"怎样"装电灯"？

20 世纪 80 年代，语法教学还是语文教学的重要组成部分，甚至可以说是一块教学的"热土"。我对语法也非常感兴趣，胡裕树、黄伯荣、丁声树、吕叔湘、张志公、张寿康等先生的语法著作都是我的案头书，所以语法教学就成了我课堂的一个"亮点"。

教书两年后，我作为语文教学新苗被推举参加教学"比武"，教学内容选择了鲁迅的《阿 Q 正传》，课本节选了其中的第七章《革命》和第八章《不准革命》。我当时"比武"的心理是"我能用语法讲阿 Q"！果然，这堂课获得了认可。

作为一名刚入行的新手教师，能通过自己的"优势项目"

赢得比赛，应当是一件值得肯定的事情。但在比赛结束的那天晚上，我特别尊敬的长者卢泰阶老师来到我的宿舍，问我是不是很得意。我一时语塞。他接着对我谈了他对语文的理解。卢老师谈的其他内容我记不清楚了，他临走时的一句话却至今还在我的耳际回响：语法是语法，语法不能代替语文，甚至可以说语法基本上不是语文！

卢老师的否定，对我这个刚入行的年轻教师来说，真是一件难以接受的事。这不仅是对这一堂课的否定，更是对我关于语文理解的否定。当晚我几乎一夜未眠！此后，我便开始了追问"语文是什么"的漫长之旅。

不敢说今天我真正明白了什么是语文，但我可以肯定地说，我那一点对语文的认知，就是从那个晚上卢老师的当头棒喝才真正开始积累的。

1993年，我将几年的探究心得浓缩在一篇小文章中：《"暗胡同"与"装电灯"——中学语文教学的一点思考》。该文在分析了当时语文教学的"三多"现象（"理性分析多""知识点多""教材花样多"）后指出：

要想使学生在舒适柔和的灯光指引下，快速地走出"暗胡同"，而登堂入室，那就必须拆除多余的"电灯"。

一是充分尊重孩子们掌握语言的规律……让他们在多读原文的基础上下功夫，以培养他们对语言的灵敏的感受能力。

二是删去那些不必要的所谓"基础知识"的教学。诸如"古音异读三种""成语结构七式""文章开头十法"等等，从而使孩子们走出"暗胡同"，少一些碰撞。

三是编一套确实有指导意义的教材。……有令人信服的力量……有大量可供学生"听（看）取""记住"的材料，与现行课本相比，这种材料应当增加十倍以上……有明显的阶梯……

二十多年过去了，今天再来审视这篇文章里我当时对语文的认知，虽然很肤浅，但我还是坚定地认为，这是我对语文认知的一块坚实的基石。它表明我从那时开始，与以知识（点）为本的教学渐行渐远。

二、"知识点"退位之后走向何方？

失去"知识（点）"这个教学之"本"，语文教育该走向何处？

20世纪90年代中期，如火如荼的语文教育"工具论"全国大讨论，将我的思考引向了深处。于漪老师1995年6月发表在《语文学习》上的《弘扬人文，改革弊端——关于语文教育性质观的反思》一文，解答了我先前的许多疑问。

于老师说："长期以来，语文教育界强调语言的工具性，这是无可非议的。然而，语文绝不等同于一般的生产工具，如机器或犁锄，也绝不等同于一般的生活工具，如筷子或拐杖。……各民族的语言都不仅是一个符号体系，而且是该民族认识世界、阐释世界的意义体系和价值体系。……就是说，语言不但有自然代码的性质，而且有文化代码的性质；不但有鲜明的工具属性，而且有鲜明的人文属性。"

读大学时曾观摩、研讨于漪老师的《茶花赋》《七根火柴》《春》等教学录像，工作了又读她的教案、文章，都有许多收获。但这次的收获是前所未有的：我似乎理解了语言与文化的关系，理解了语文与人生的关系，理解了语文教育与学生生命成长的关系。

于是，我开始了如何发掘语言背后的文化的教学探索，开启了思考语文教学与生命体验关系的教学探索。2000年至2003年，我将所思所想写成《语文学习的第一要素是生命体验》等10篇系列文章，从不同侧面思考"语言与文化""语文与生命"的关系。

"语言的运用，归根结底是与某个社会群体的认知方式、道德规范、文化传承、价值标准、风俗习惯、审美情趣等特定的文化因素相关联的；语言运用的得体，既要遵循语法规则，又要遵循文化规则。""语文教学效率低下的症结何在？一个重要原因，就是长期以来对汉字单元文化和汉字审美意义的漠视。"（选自《中学语文建立"汉字单元文化"概念的探讨》，《九江师专学报》2000年第2期）

教材的意义绝不仅仅是作为"例子"的意义，从语文学科来说，许多课文本身的意义——它代表的人生的宽度、厚度、深度、高度，它标识的人类的情感向度，它标识的人类的前进方向，就是要传递给学生的最本质的教育意义。教学这些篇章就是传承人类高贵的精神，优质的品性，精粹的文化，并内化为学生自己的生命方式。（选自《"教材无非是例子"四疑》，《现代语文》2000年第6期）

"学习本身就是一种具有很强个体色彩的行为。强调生命体验就是从学习的普遍规律和汉语文的特殊规律出发，充分尊重孩子的发言权、表述权，即生存权，使他们在学习过程中不断唤醒自我生命意识，增强自我人性意识，使生命不断得到发展。""在这样的语文学习中，学生学习的手段重在体验——以个体情感、思维进入语文，以个体情感、思维体验语文，以个体情感、思维表述（口头和书面）体验（表述本身即是一种体验）。"因此，生命体验"在汉语文学习中有着极其重要的地位，是语文学习的第一要素"；"汉语文学习中的生命体验是一个值得人们普遍关注的问题"。（选自《语文学习的第一要素是生命体验》，《现代语文》2000年第5期）

　　"在当下还未建立起汉语教学新的文化体系的形式下，语文教学理当要更多地注重汉语文化的教学。"（选自《全球化时代汉语诗性特征的价值想象》，《现代语文》2001年第11期）

　　"我们在引领学生解读文学时，尽可能地去除政治泛化、道德强渗、科学阉割的三重障碍，而以生命体验的方式化入作品之中，去破解'人生之谜'；以审美的眼光化出作品之外，发现、感受生命与生活之美，最终获得人生的启迪，实现生命的重塑。"（选自《文学解读的三重障碍》，《语文学习》2003年第4期）

　　这些年我一直践行、倡导"生命体验与文化贯通相融相生"的语文教学，就是源于这种探索。《生命体验与语文学习》《上海名师课堂·中学语文黄荣华卷》等著作，就是这种探索的阶段性总结。

三、"骨灰级青年"意味几何？

2002 年 10 月，我参加了上海市杨浦区"百花杯"教师教学比赛，以《悼念一棵枫树》《寒风吹彻》的教学获得了"百花杯"教师教学比赛语文单科一等奖。尽管不是第一次获得这个级别的奖项，尽管已年届不惑，但毕竟是到复旦附中后的第一次亮相，所以在向将我领进复旦附中的黄玉峰老师汇报时，还是喜形于色。黄老师是高人，一眼就看穿了我。

他说："得一次奖可算什么，也可不算什么。你算什么就是什么，你不算什么就不是什么。最关键的是，当别人不把你看作如何时你将如何？"

我一下子蒙了！也一下子醒了！黄老师这一番话，对我又是一记重重的棒喝。

是啊，都四十岁的人了，跟一些二十多岁的年轻人去比赛，本身就是不自处、不自重、不自知的荒唐行为！

这种在比较中带来的心理落差与张力，对我有着极大的推动力，推动我自省、自修、自砺。环顾四周，无论是长者，还是年轻人，他们的学历、学力，都在我之上，我凭什么与他们并肩向前？于是，我更加刻苦学习，更加努力地探索。

2005 年，我又一次与一些年轻人站在了一个平台上，虽然那是展示课，但我暗暗告诫自己，一定要展示出与年轻人的年龄差异来。

这是于漪老师主持的"民族精神教育"展示课，同台展示的其他四位都是年轻教师，有的比我小十五岁。上完课后，从种种信息反馈来看，我的年龄差异并没有表现出来。我心里更清楚了，自己的课堂并没有什么优势。

2006年，于漪老师让我进入她主持的语文名师培养基地学习。十五位学员中，我年龄最大，已是四十五岁了，而最小的同学不到三十岁！开始我常感觉羞愧，后来于漪老师大概看出了我的心思，同样的话跟我说过两次："在我面前，你们都是孩子！"说老实话，第一次我没有完全明白于老师这句话的意义，第二次我才理解了这句话背后的丰富含义。此后，我真心接受了基地同学送给我的名号："骨灰级青年"。

是的，"骨灰级青年"，多么意味深长——在长者面前，你永远是一个青年。因此，应有青年的好学、上进，更应有对长者的尊重、敬畏。

在同龄人面前，你也永远是一个青年。因此，同龄人之间的较劲应变成真正的"见贤思齐焉，见不贤而内自省也"。

在年少者面前，你依然永远是一个青年。因此，青年人的蓬勃朝气、虎虎生气、勇往直前的锐气，应永驻心间。

正是在"骨灰级青年"这个名号的感召下，我一直不敢停下脚步。教书、进修、教研、读书，几乎占据了全部可用的时间。

也正是在这样的学习—实践—总结的循环往复中，我才对语文教育有了一些真切的认识，并化为课堂教育教学策略：

坚持并倡导学生大量阅读古代经典，且以《论语》《古文观止》为核心，因为中华民族几千年赖以生存的文明知识体系，是以"经"

为核心，以"史""子""集"为拱卫，弘扬天人同一的宇宙秩序。要在全球化时代真正重构中华文明的现代知识体系与话语体系，实现中华民族的伟大复兴，就要在教育中更有效地传承中华民族几千年赖以生存的优秀传统文化，就应当以我们的传统文化的存在方式展开教育，而不是以西方文化的存在方式展开。

坚持并倡导以生命体验的方式开展单元贯通教学，因为以单篇文章学习构建课堂的教学是一种只见树木、不见森林的教学，以知识点学习构建课堂的教学更是一种只见枝叶、不见树木的教学，这样的教学与人类认知、理解、发现、创造的心理背道而驰。而单元贯通教学却可以尽可能地打通文章之间、单元之间的壁垒，帮助学生建立联系而不孤立，变化而不静止的认知、理解世界的方式，进而形成不断发现、勇于创造的文化心理。

坚持并倡导以破解学生的心灵困惑为核心开展"过程性"写作教学，因为"有话可说"是写作的第一道理；激发学生内在的说话欲望是满足写作第一道理的第一道理。因此，高中的写作教学理应将三年看作一个完整的过程，在这个过程中以学生的心灵困惑为研究对象，不断设计出能激发他们表达欲望的写作题目，并通过认真的写作与讲评，不断地为他们破困解惑，引导他们写作与心灵的同步成长。

四、"语言价值的本真"在哪里？

2008年后，于漪老师一直带着我在她主持的上海市语文学科德育实训基地和上海市中学语文九郊县培训者培训班做一些事情。

在近距离学习的几年中，于老师的仁厚与阔大，使我时时受益。

第三期语文德育实训基地从 2013 年 11 月 12 日开始，至 2014 年 5 月 12 日结业式举行，整整持续了半年时间。2014 年 5 月，结业式上会展示基地学员关于语言教学的思考。

我主要负责基地高中学段的讨论。高中组学员就于老师提炼的"语言价值本真的发现与回归"这个命题进行研究—讨论—总结—实践，先后循环三次。让大家特别感动的是，于老师几乎每次都帮助我们修改研究"成果"，有时是小修改，有时则是大修改。最后当我将老师们的研究成果整合成完整的展示稿时，稿件有两万多字。于老师看后又亲自修改了二十多处，还提出了十几条进一步修改的意见，要求将展示稿压缩到一万字以内。

语言是语文教育的出发点，也是语文教育的落脚点。但很多年来，由于各种原因，大家似乎都将这个常识遗忘了，以至于今天许多语文课堂已完全没有了语言。这是极其糟糕的现象。通过这三次循环思考，所有学员都对"语言价值本真"有了很深的认识，我获益尤多。作为对这一命题的延续思考，我完成了两篇长文:《还教育以真知，还学生以真知——对"统治"中学语文教育的几个概念的辨析》和《开掘进入语言内部的通道——关于阅读教学的一点思考》。现在我正在就此问题写作第三篇文章《语意的丰富性是怎样被遮蔽的——语文教学一大困境的认知与破解》。

回顾自己的语文生命历程，有喜悦，有痛苦，亦有无奈。甚感幸运、幸福的是，几乎在每个关键时刻，都有贵人相助，牵引着我一直艰难地走到今天。如果说在语文教育中有那么一点聊以自慰的东西，那就是我始终没有放弃对（语文）教育之真的探寻，200 余节公开研究课和 400 多万字的著作与文章留下了我一串长长的歪歪斜斜的探寻脚印；在确认语文教育必须关注语言文字及其背后的"生命意识"与"文化意义"之后，十多年来始终没有因外界众说纷纭而动摇，反而更加努力地倡导并践行"生命体验与文化贯通相融相生"的教育策略；作为这一教育策略的实践总结，由我主持的《阅读"中国人" 书写"中国人"——彰显语文教育人文性的实践研究》教学成果获得 2014 年基础教育类国家级教学成果奖一等奖。

正因如此，我以"骨灰级青年"的名号标榜并鞭策自己继续向前，或许是恰当的吧。

第二篇

语文应该怎么教？

语文课程如何落实育人目标

语文课程的常识是什么？答案只有两个字：育人。但今天的语文课程，至少在我们的课堂落实上，这两个字常常是被我们忘却的。所以下面着重谈谈语文课程在课堂落实育人目标上应该要落实哪些常识。

一、落实语文常识积累，筑就生命发展必需的厚实的文化基础

（1）识字与写字。按理，这在小学、初中、高中学段都应有明确目标的，但现在似乎只是小学低年级的事情。这应当是我们语文教育目前整体上的一大失误。我们作为语文课程的一线执行者，认识到这一点后，能不能在自己所管的那一学段有明确的目标，对这一失误有所补救，并强化一下识字与写字？

（2）识词与写词。识多少词，我们的课程标准是没有规定的。

现在似乎也只有小学阶段关注于此。初中应不应该关注？高中应不应该关注？都应该。可惜在整个教学中，这一块都彻底边缘化了。这也应当是我们语文教育目前整体上的一大失误。我们作为语文课程的一线执行者，认识到这一点后，能不能在自己所管的那一学段有明确的目标，对这一失误有所补救，并强化一下识词与写词？

以上两点是学生语文发展的基础，现在这个基础已薄弱得不能再薄弱了。一个高中生，识字很有限，写的字很难看，识词更有限，语言非常贫乏。这个基础还能让它继续薄弱下去吗？不能啊！识字与写字、识词与写词，在语文学习中的意义，就和一个人要生存下去必须吃饭的意义是一样的。可惜，这样的常识被我们遗忘了。所以，我们学生的语文水平提升一直很艰难。

（3）识句与识篇。识篇课标有规定，但识句是没有的。识句要不要有要求？我认为应当有。名句的独特意义在于它是人类某一认知的最佳表达。如"为人谋而不忠乎""三人行，必有我师焉""天行健，君子以自强不息""生命本来没有名字""人是一根能思想的苇草"……一个人记住了无数的最佳表达，再通过自身的不断融通，就会创造出自己对世界的最佳表达。所以，我认为识句与识篇有同等重要的地位。我们要在教学中强化这样的教学目标。

（4）识基本作家、作品的概貌。

（5）识中国几种主要思想的渊源与流变（儒、道、释以及新文化运动）。

（6）识外国（主要是西方）关于"人的发现"与中国古代"人学思想"的区别。

以上四点是我们长期忽视的，以至于说话、作文没有文化，没有根。

以上全部六点，构成了一个学生文化积累的六个主要方面。并且，这些不是通过几个专题的学习就可解决的问题，而是应当将它们全部化入一堂堂课的教学内容中。古代的《三字经》《声律启蒙》《幼学琼林》《龙文鞭影》等正是如此。现在基本上被我们忽视了。

当我面对的学生一届比一届腹中空空时，我真的很着急。我在想，与其高声叫喊，不如实实在在做点事。那我们可以做什么？语文教师最大的权力就是让学生多积累点文化！因此，我在教学中以两年为一个整体，为学生的语文学习做了一个积累设计。一方面，将《论语》与《古文观止》结合起来，选取《古文观止》的若干篇文章与《论语》20篇组合成20个学习单元，让学生在两年时间内将《论语》学完，并背下120个名句，读完近40篇古代名篇。另一方面，我主编了一套"著名中学师生推荐书系"，向学生推荐一些"文化散文"。

在为学生的文化积累做内容设计时，我们有五条线索可循：汉字（形成）线索、《论语》线索、"唐诗"（诗教）线索、"苏轼"线索、"人的发现"线索。当学生在这五条线索上有较厚的积累时，就真的能理解中国话、会说中国话、会写中国字了。我感觉到，只有学生的文化积累到一定的程度，才能理解自我，理解所处的社会，理解世界。在这样的基础上去阅读、去写作，就可以达到他这个年龄段的高度。

二、注重文本的整体性把握，养成用联系的、通达的眼光看世界的习惯

受应试思维的深重影响，长期以来，语文教学围绕考试有用的知识展开，这样学生就势必形成孤立地以考试有用的知识点为中心的学习方式。因此，一课一练模式自然就有了广泛的市场。只见树木，不见森林，就几乎成了当前阅读教学中的一种通病。现在许多教师，离开了"一课一练"似乎就无事可做了，就没有方向了。许多学生也觉得不做这样的题目就像没有学过语文一样。说实在的，现今与"一课一练"相仿的各种练习、试卷真的已将语文整得很惨了！而相反，本该是文本阅读的常识——整体性把握，却被完全忽视了。

怎样才是整体性的把握？

（1）识文眼。陆机有云，"立片言而居要，乃一篇之警策"。文思发源，后文随之汩汩而出；或情感团聚，一切言语均由此释放。

（2）识文脉。"文脉"即文章的脉络。"脉络"本指人体的血液系统，古人用它来比喻文章的内在组织，实在高妙。人体的脉络一旦梗阻，人的生命就有危险。文章的内在联系一旦断绝，文章的生气也就断绝，活文就成了死文。识文脉，就是识文章的内在联系。高一点的要求，识文脉还应当包括识文章源流，文章的来龙去脉。

（3）识文心。"文心"不仅指"主旨""立意"，还指作者匠心独运之处。经典之作，几乎每篇都有匠心独运之处。

如果一个教师，长期引导学生去识文眼、识文脉、识文心，就必然会将学生引向整体地把握文本阅读的境界，学会用联系的、通达的眼光看世界。

三、注重体验文本蕴含的生命意识，实现语文学科的化育功能

古人是识得文章真味的。他们认识到了文章是作者生命的化入，因此，将文章看作一个活的生命体，于是用"眼""脉""心""脑""肌理""骨骼""生气""气脉""血肉"来表达文章的不同方面。这应当是关于文章的很重要的常识，但今天有多少老师还觉得这是常识？

用这种常识来阅读文本，文本蕴含的生命意识才不会被我们的阅读观所遮蔽，才会真正很自然地为我们所感知、所理解、所欣赏。而这样的感知、理解、欣赏，正是古人所讲的作者与读者之间生命的化入与化出。在这样的生命化入与化出中，阅读者的生命被唤醒、被重塑。这就是语文学科重要的化育功能。

而今天我们仅将文章看作"有组织的文字"，由字而词，由词而句，由句而篇，这只是从外在的形式构成将文章看成一堆僵硬的文字，实在是对文章的片面理解。相反，这却成了我们关于文章的最重要的常识。于是，语文学科的化育功能就这样淡化了。

四、注重“读”书

“读”书的意义老师们都很清楚，在这里不展开。但我要说，我们的语文课堂今天也几乎把“读”这一常识忘掉了，因为“读”书声很难听到了。

五、认识、理解、落实“作文教育是语文教育的重要组成部分”

“作文教育是语文教育的重要组成部分。”这句话老师们都认同，也都觉得是常识，但又有多少老师是在课堂上将其落到实处的呢？据我的观察，不是多，而是少。

作文教学的意义何在？我认为主要是引导学生表达生命意念时促进学生自我生命的成长，或者说写作的过程是学生生命发展的过程。学生通过作文，通过整体性生成的作文过程，在逐步习得作文之法的同时，解决成长过程中的一个又一个困惑，解开一个个情感纠结，获得一次次思想启迪，成长为具有文化表现力的文化生命体。

这里用“文化”二字修饰“生命”，是想强调人的生命体不是自然生命体，而是文化生命体。与其他动物比，人因为文化性而显示出他的卓尔不群。或者说，人因为有文化而区别于动物。从这个角度看，文化性即人性，人性即人的文化性。处在历史长河中的人，不由自主地降生在某种文化环境中，以某种文化方式生活着。这种文化方式由语言、习俗、道德等构成，它基本上规定了人的行走方向。就普遍性而言，人类几千年来形成了一些共通的生活准则，如诚实、担当、进取、友爱、仁德、悲悯、创新、追求……这就是通常所说的"人同此心，心同此理"。就写作者的个体特质而言，他既要传承共通的历史文化，张扬人类的基本生活信念，同时又要表达个体的生命意念，体现个体生命意念的独特性。怎样才能将作文教学落到实处？我提倡关注作文教学的"过程性结果"。

新课标强调教与学的过程性，很遗憾的是，目前中学作文教学中能真正关注"过程"的教师不是很多，能将作文教学结果视为"过程性结果"的更少。

我认为教师应当把握学生的思想脉搏，理解学生作文的现实需要，认识学生作文的潜在需要，渗透学生作文的终身需要，将当下激励与长远谋划深层次地结合起来，使学生带着持久的热情参与到这个学习过程之中；教师的教学设计从学生成长的现实性与可能性出发，将必要的写作技巧训练有机地融入引导情感向度、抵达思想深度、提升写作高度的作文学习过程中。对学生来说，在这样一个"马拉松式"的作文学习过程中，他们会很自然地获得良好的作文学习的结果，不仅能较好地应对各种考试，更重要的是可逐步习得成长所需的情感力、思想力、文化表现力。这就是一个良好的"过程性结果"。

"教材无非是例子"四疑

　　"教材无非是例子"，是叶老的话。通过一些语文教育名家的推波助澜，这句话几乎就成了大多数语文教师处理教材的经典原则。宁鸿彬老师撰写了《教材无非是例子》（该文后又以第二条的位置收入《宁鸿彬文选》）一文，刊发于1988年第3期《语文教学通讯》。宁老师在文中说："在几次会议上，我有幸见到了叶圣陶老先生，得以当面聆听他老人家的教诲。记得他操着浓重的乡音，曾多次强调'教材无非是例子'。这简短的一句话，虽然仅有七个字，但却是字字千钧，有着丰富而深刻的含义，道出了语文教学的真谛。也正是这句话，像一股神奇的力量，激发了我智慧的火花，使我一下子明白了许多问题。""教材无非是例子，这就说明语文教学的任务，绝不仅仅是讲明白教材本身而已，而是通过这一篇篇课文的教学，培养学生，训练学生，使他们具有进行社会主义现代化建设所需要的语文知识和语文能力。"

"教材无非是例子"这句话，果真如宁老师所说的那样"道出了语文教学的真谛"吗？我认为是可疑的。

一疑：它是否能涵盖语文教材的全部意义？

《现代汉语词典》中"例子"一词的解释是"用来帮助说明或证明某种情况或说法的事物"，"无非"一词的解释是"只；不外乎"。依此解释，"教材是例子"就是说教材是用来帮助"说明或证明"教学所要达到的目标的事物。"教材无非是例子"，就是说教材只（或曰不外乎）是用来帮助"说明或证明"教学所要达到的目标的事物。换言之，教材中的一篇散文就只（或曰不外乎）是用来帮助说明或证明语文教育中认定的某一种散文模式，使学生依此而行——认识这一种散文，模仿这一种散文，写（制）作这一种散文。语文教学的其他目标的实施当都可依此类推。这种"例子"，其着眼点当主要在"说明或证明"教学所要传授给学生的语文知识、语文技能和道德思想上，给学生以学习的依据，以认识、模仿的范本。落实到教学中，"例子"即一篇篇具体课文的意义便落在了语文知识传授和道德思想教育上。从这个角度来看，"教材无非是例子"这一句话确实是把语文教材的意义规定得"逼仄"了。

教材一般是指根据教学大纲和实际需要，为师生教学应用而编选的材料，主要是教科书、讲义、讲授提纲等。那么语文教材中的教科书、讲义、讲授提纲的意义有哪些呢？它至少有三大层面：第一层面是帮助"说明或证明"人们通常所说的听说读写所必具的知识和技能（用宁鸿彬老师的话说就是"进行社会主义现代化建设所需要的语文知识和语文能力"）；第二层面是帮助"说明或证明"教育者既定的所要传授给学生的道德思想，即通常所说的德育；第三层面是启发、引导学生进入审美人生，即通常所说的以美感培育为基础，着眼于人的情感培育，尽其所能地激发学生的想象力、创造力等生命力，使受教育者的生命得到"可持续"发展——促使超功利审美的发展。前两个层面的意义可概括为"功利意义"，第三个层面的意义可理解为"审美意义"。语文教材的意义应当是"功利意义"与"审美意义"的统一，二者不可偏废。打个俗点的比方，语文教材的"功利意义"与"审美意义"，有如一枚硬币的两面，哪一面都是不可舍弃、无法舍弃的。这里值得注意的是，语文教材的"功利意义"可以通过"例子"的"说明或证明"来实现，它的"审美意义"却无法用"例子"的"说明或证明"来实现，因为"功利意义"侧重的是事物的"理"，"审美意义"侧重的是个人的"情"，"理"可以也必须"说明或证明"，"情"则必须也只能"引导和激发"。因此，"审美意义"必须通过大量文学作品的"引导和激发"来实现，即让学生在大量文学作品的欣赏、鉴赏甚至创造中实现，用马克思的话说就是"按照美的规律来建造"，而不是也无法通过所谓的"例子"的"说明或证明"来实现。

很显然，"教材无非是例子"只能涵盖教材的"功利意义"，它把教材的意义"看"小了。

二疑：它是不是语文工具论的产物和表现？

正是在这种注重功利的教育和语言的大背景下，"教材无非是例子"的话才大行其道，因为它正中人们的下怀：既定的教育目标是教给学生一套生存工具的同时又把学生培养成一种工具，那么教材的意义也就是在这一层面上给学生一个"说明或证明"，仅此而已。正因为如此，我认为"教材无非是例子"其实是语文工具论的产物。既然是工具论的产物，则理当比较典型地体现了工具论的意义。工具论者把语文看成工具，把语文教育看成工具，把语文课堂看成工具，进入课堂的教材则理当成为工具，只是教材与文具盒稍有不同，它是供认识、模仿的样板。试想想，中学6学年共12个学期，每学期即使只学15篇讲读课文，学生在中学阶段至少也要学180篇讲读课文。而这么多课文只（或曰不外乎）是认识、模仿的"例子"，只（或曰不外乎）是用来"培养学生，训练学生，使他们具有进行社会主义现代化建设所需要的语文知识和语文能力"的工具，除此别无他用，这不是语文工具论的典型体现吗？

三疑：以它为处理教材的经典原则，是否导致语文教育审美意义的丧失？

这里的回答是肯定的。因为它只讲眼前功利，"阅读教学往往……肢解课文，使之成为知识的例证；写作教学则尊崇'套路'、'模式'，一味要学生照着葫芦画瓢"（王尚文《"人文说"和"工具说"的分歧》），所以本该充满审美意义的语文课堂便常常成了各种语文知识和技能的枯燥讲解，一些经典文学作品便被师生共同分割成千疮百孔的怪物。这样，课文的审美意义以及学生的个性、性情都退归虚无。于是，学生的审美情趣以及情感力、想象力、创造力在这样的学习中一步步失落。

我们以宁鸿彬老师的教学名作《〈七根火柴〉教学实录》为例略作说明。宁老师的《〈七根火柴〉教学实录》是"教材无非是例子"的典型体现。首先从课文看，它是进行思想教育的好例子。宁老师选择这一篇课文作公开示范课的授课材料，充分显示了他的眼光。其次从教学过程看，师生的共同活动主要解决了两个大问题。一个是通过学生向"大众"简介其中"六根火柴"的来历、重拟课文标题和对课文"潜台词"进行挖掘，使他们明白了："正是无数为了中国革命的胜利而牺牲的留下姓名和没有留下姓名的先烈们抛头颅、洒热血的奋斗，才使得五星红旗冉冉升起！也正是这些具有光辉思想和崇高品质的全体红军将士，舍身为国前仆后继地努力，才使得共和国的旗帜在华夏大地上如此鲜艳，高高飘扬！"另一个是通过文章"需火""献火""送火"的分析、归纳，使学生明白了这篇文章的线索是"七根火柴"。从上述两点不难看出，宁老师的《七根火柴》教学，重心在德育。而德育仍然是"功利"教育，是不能替代美育的。最后，这篇教学实录 1994 年在《中学语文教学》上发表后，获得了不少赞词，至 1996 年《中学语文教学》还发表了何以聪先生的《喜读宁鸿彬〈七根火柴〉教学实录》一文，该文认为实录的发表"既可以具体检验教学思想把握的正确趋向与落实程度，又可以丰富并发展教育思想的建设"。由此我们更能看到，整个中学语文教育界很容易陷入"教材无非是例子"的"功利"教育之中，对语文教育审美意义的丧失几乎不能自觉。

近年来中学语文教育受到人们的指责，很大一部分原因（或曰根本原因）就在于此——只讲功利不要审美。

四疑：在长达 6 年的中学语文学习中，学生至少要认识、模仿 180 篇"例子"。面对这么多"例子"，他们是否有所适从？

如前所述，只算讲读课文，中学至少要学 180 篇。按"教材无非是例子"的说法，这 180 篇课文都只（或曰不外乎）是"例子"。面对这么多"例子"，学生是否有所适从呢？以写作教学为例，课本中光散文就有那么多，且多是名家的。学生是模仿鲁迅的好呢，还是模仿茅盾的好？是模仿托尔斯泰的好，还是模仿高尔基的好呢？就算这些都可模仿，那么学生在模仿这么多大家之后又会是个什么样子呢？恐怕什么样子也不是了！如果硬要说样子，那就是感情世界几成空白，想象力、创造力极度匮乏的样子。因为在长达 6 年的这种学习中，学生所做的仅仅是以教材为例子的模仿、模仿、再模仿。毋庸置疑，这样积年累月地模仿下来，学生的自我、个性、性情将会逐步消退，想象力、创造力将会慢慢丧失，留下的只是别人的情感与性情、别人的想象与创造，哪里谈得上培养独特的审美趣味啊，更不要谈进入审美人生了。现在一个有目共睹的事实——只有很少一些学生能写出具有真情实感的文章，而绝大多数学生的作文中几乎找不到学生的自我——就是有力的证明。

再说，文章绝不是可以模仿出来的。我们不能设想，谁能以《红楼梦》为例进行模仿，谁能以《哈姆莱特》为例进行模仿。如果有这样的设想，那无异于痴人说梦。这句话或许言之过重，但其理昭然。我们决不能让学生为此付出 6 年的代价，而且是最美的青少年时期。

叶老是文学大家，是教育大家，这是不必饶舌的。本文所述只是我教学中的一点感想，正确与否愿就教于方家。倘若能以此引起人们的注意并展开讨论，那我们对语文教材意义的认识将会大大深入，这将有利于形成正确的教材观。

将文本解读进行到"底"的几点做法

提出"将文本解读进行到'底'"的话题，是因为目前中学语文课堂教学出现了轻视文本解读的现象。分析这一现象，目的是对语文课堂进行一些反思。

一、值得关注的现象

语文课堂教学多数时间是以文本解读为核心展开的。文本解读在语文课堂教学中的地位及意义不言而喻。因此，将文本解读落到实处，进入文本的底部，是语文课堂教学取得成效的极其重要的一环，甚至可以说是最重要的一环。

但目前语文课堂教学的文本解读却往往不能进行到"底"，而是相反——浅尝辄止，或避实就虚、避实扬虚，或者干脆全虚而无实。这里可分为以下五种情况：

一是师生都在文本的外围转，所讲的内容有些纯粹是茶余饭后的谈资。这样的课堂学生肯定非常兴奋，但他们学会了什么呢？学会了媚俗，学会了随意批判，甚至是刻意去批判，最终丢失了语文课堂的重要意义——培养人的崇高感与敬畏情怀。

二是师生接触一下文本，便很快延伸到文本之外，文本常常成了一个话题的生发点。如果前面第一点不是非常普遍，那这一点就是相当普遍了。比如讲《跨越百年的美丽》，先粗略聊一聊课文中"居里夫人的美丽"，便很快转入对"美丽"或"女性美丽"的探讨，教师还准备了许多关于"美丽"的资料让学生探讨。再如讲《生命本来没有名字》，师生先讨论一下文章写了什么，还没有真正走进文章中去，就开始海阔天空讨论生命的意义。再比如讲《告别权力的瞬间》，讲到华盛顿对民主的贡献，课堂就变成了关于"民主"的讨论。

这样的课堂比较受学生欢迎，主要是能顺着学生的感觉走，但这样的课堂多了，学生就养成了夸夸其谈的毛病，不愿也不能深入钻研文本了，最终失去了一种求实的读书能力。

三是教师精心设计了课堂问题，有时还及时抓住了课堂生发的重要问题，遗憾的是，当学生就某一问题展开讨论并产生种种观点时，教师常常是照单全收，即使是明显的错误也不给予纠正。比如讲《皇帝的新装》，教师请学生扮演两个骗子，模仿骗子行骗的过程，一个骗子在劝另一个骗子拿定主意时，用文天祥的名句"人生自古谁无死？留取丹心照汗青"为他打气，教师对此不仅没有纠正、引导，反而还满脸鼓励之色。再比如讲《合欢树》，在教师的启发下，全班学生有一大半都讲了"合欢树"的象征意义，讲的同学为了避免与前面的同学雷同，尽可能讲自己"独特"的见解，结果离课文越来越远，也就越来越虚。

这样的课堂也是比较受学生欢迎的，因为学生不受约束，想怎么说就怎么说，只要能博得同学与老师的欢心就好。但这样的课堂也是值得高度警惕的，因为它往往会助长学生信口开河的不良风气，断章取义，甚至是非颠倒，最终影响的不仅是学生思维能力的培养与形成，更会影响到他们健全的文化人格的形成。

四是师生共同在一个不恰当的知识层面或者在一个错误的知识层面上讨论问题。比如学习葛剑雄的《邂逅霍金》时，师生讨论文中如何表现"身残志坚"。学习杨绛的《老王》时，讨论文章最后作者的"愧怍"，师生围绕"中国知识分子贵族式居高临下的怜悯"展开。学习一些现代主义作品或具有现代主义色彩的作品时，以解读现实主义作品的方法为指导，结果不能真正进入作品。如学习海明威的《老人与海》(节选)、卡夫卡的《变形记》(节选)时，运用"典型环境""典型人物"这些现实主义小说家非常看重的方法去讨论小说的人物与主题，因而也不能真正理解作品。

这样的课堂可能是很糟糕的，它可能将学生引向歧途。

五是"批"字当头。这当然是少数现象。应当承认，目前的语文教材有瑕疵，但有的老师很傲气，几乎没有他看得上眼的篇目。这也是很可怕的。如果教师总是批这个，批那个，没有肯定的，没有赞美的，只有破坏，没有建设，一定会助长学生的虚妄心理，最终势必把学生带上"不归路"。

我们需要摆脱旧的束缚才能真正向前，但绝不能将旧的一概视为束缚。我们应当自信,有自信力才能勇于开拓、勇于向前,智者的眼中绝不会除"我"之外没有别人。这其实也就如鲁迅所言,拔起自己的头发,想离开地球。这是可笑的。鲁迅在《未有天才之前》的讲演中说:"有一回拿破仑过 Alps 山,说,'我比 Alps 山还要高!'这何等英伟,然而不要忘记他后面跟着许多兵;倘没有兵,那只有被山那面的敌人捉住或者赶回,他的举动,言语,都离了英雄的界线,要归入疯子一类了。"所以我想,我们语文老师还是先多带点"兵"好。

二、为什么会产生这些现象?

为什么会产生上述几种现象?主要有以下五种原因:

一是对文本的意义认识不足。中学教材的文本价值,大体可从七个方面去考量——认知价值、情感价值、思想价值、智慧(思维)价值、艺术(审美)价值、语言开发价值和写作模仿价值。教材所选大多数是经典文本或优秀文本,而经典文本几乎都具备了这七个方面的价值,即使是一般的优秀文本也具有多层次的开发的价值。

目前我们的语文课堂教学对智慧(思维)价值、艺术(审美)价值、语言开发价值、写作模仿价值这四个方面,大都没有深入开掘。以艺术(审美)价值为例,我们平常的课堂阅读实践追问得最多的还是"怎么写"的问题,但大多数没有将这个问题提到足够的高度来认识,一般多停留在修辞手法及作用、表达方式及作用、论证方法及作用、说明方法及作用、写作手法及作用等问题上。应当说，常追问的这些问题是重要的，但这些都还是容易解决的，且仅有这些是远远不够的。我们试问一下，如果抛弃这些问题让你来欣赏一部作品的艺术形式，你将说些什么呢？或许，就无话可说了。因此，我们还是有必要更多地从作品的整体运思、作家的美学追求等方面去关注"怎么写"的问题，而不是仅局限在某一具体的修辞手法之类的问题上。

二是对"以学生为主体"的误解。"以学生为主体"是现在教师展开课堂教学的重要的理论支撑，这是现代教学有别于传统教学的重要标志。但"以学生为主体"不是放任学生，不是纵容学生，更不是不要底线。再现代的母亲，也会对自己已成人的儿子做出不合礼法的事感到恼怒；再现代的父亲，也会对自己孩子的不良行为感到悲伤。我们的语文课堂，我们的教育，应当永远坚守人类几千年建立起来的一些共有的伦理道德，坚守中国人作为中国人的、体现中国人生命意义与价值的、最基本的生存法则。比如"人生自古谁无死？留取丹心照汗青"回荡的是天地正气，怎可为了让骗子们"剽窃"而以此去壮胆？

三是对"课堂阅读"与"消遣阅读"等而视之。中学生的阅读有两大类：一类是课堂阅读，另一类是消遣阅读。相比较而言，课堂阅读的难度肯定比消遣阅读要大，甚至大得多。荀子说："君子之学也，以美其身。"课堂阅读的过程其实就是学生"美其身"的过程，是一个"去恶向善"的过程，是一个变"无知"为有知的过程，是一个开发心智与唤醒"人"的个体生命感的过程。这个过程是学生不断剥离自我的过程，是一个不断矫正人生的过程，因此，这是一个艰难的历程，它必然伴随着很大的痛苦。而消遣阅读是一个自我释放的过程，因此它伴随的可能更多的是快乐的体验。

所以，教师应该思考：中学生的阅读是以释放自我为主，还是以铸造自我为主？我认为中学生的课堂阅读不是一般的消遣性阅读，不是自我释放式的实证阅读，应当是一种吸收式阅读，是自我铸造式的阅读。很遗憾的是，今天的中学课堂阅读常常变成了"消遣＋实证"的混合体阅读。这种阅读法使阅读者不太可能更多地接受作品中的新信息，使阅读的吸收与铸造功能基本消失；长期如此，则会使阅读者丢失研究文本的能力，养成浮躁甚至浮夸的学风。这也是前面列举的目前中学课堂几种"避实就虚"现象产生的重要原因。

四是文本解读难度大与教师文本解读力有限的矛盾。教材中的文本有的解读难度很大，如《生命本来没有名字》、《边城》（节选）、《合欢树》、《病梅馆记》、《香菱学诗》、《老王》、《项链》、《哦，香雪》、《变形记》等。从列举的这些篇目看，现代文比古诗文多，也更难。为什么？因为现代文更多地融进了作家对现代人的生存困境的思考、作家自觉的美学追求，并使用了与之相适应的现代写作技巧，而我们一些教师还基本上是抱定"文章学"这一种解读文本的方法，以不变应万变，当然就难以适应古今中外的各种文化思潮下产生的文章的解读了。有的教师认为现代文不用在课堂教学，学生完全可以自己读懂，这更是不对的。其实很多情况下学生并不能真正读懂现代文，而是需要教师去引导。像《老王》，学生就很难理解作家最后说的"多吃多占"①。为什么说"多吃多占"?

第一,(不幸者)老王把"我"作为一个朋友送给"我"香油与鸡蛋时,"我"没能真正从心底把(不幸者)老王当作一个对等的朋友,感情上"多吃多占"。

第二,"我"有比(不幸者)老王优越得多的生活条件,从"单位占有程度"而言,"我"在物质上确实比(不幸者)老王享受了多得多的社会产品。

第三,知识分子对"知识优势"的深刻反省。德国空想社会主义者魏特林说:"凡是仗着自己有较多的知识和技能而要求比别人多享受或少工作的人,他就是贵族。"这句话好像一下子难以理解,不能接受。其实,魏特林是站在人类知识共有的基础上才这样说的。你掌握很多知识和技能的重要条件是:你拥有获取知识和技能的条件,比如你有更优越的条件去读书,去上更好的学校。你获取的知识和技能绝大多数是全社会甚至全人类共有的知识和技能,它们更多来自人类几千年的共有积累,并非某一个人所有,比如文字。每个人都有权享受文字带来的生存利益,但因种种原因不能上学的人成为文盲,他们就会因此而不能获得他们应该获取的那一部分生活资源。正是从这个角度看,魏特林的话有很大的合理性。他提醒我们,在现代社会,每个人都应当是平等的,不应当再有"贵族"(等级社会的象征)。知识和技能的拥有者多

---

① 最新的教材已将这个词改为"幸运"。

数本来就是因为条件的优越才拥有知识和技能，因此，更不能借此而成为社会的高高在上者。

杨绛作为一位现代知识分子，她深深明白这个道理。从这篇散文中，我们可以看到许多现代知识分子所具有的平民意识、平等观念和反省精神。这些是难能可贵的。但现在，有一些知识分子，他们的内心深处总有一种知识和技能的优越感。他们一边高喊平等、民主、自由，一边又情不自禁、理所当然地认为应获得比别人多的社会尊重。这恰恰与现代社会的主体精神相悖。真正的知识分子是"社会良心"的代表。他们维护人类的基本价值（在现代社会，当是理性、自由、公平等），批判与基本价值相悖的不合理现象，甚至为这些基本价值献身，推动这些基本价值的最终实现。从这个角度看，《老王》一文，最终是呼唤全社会的共同反省，有着极强的人类关怀意识。这不是中国传统知识分子所具有的思想，更不能将其看作"中国知识分子贵族式居高临下的怜悯"。

五是教师"敬畏"心的丢失。孔子说："君子有三畏：畏天命，畏大人，畏圣人之言。小人不知天命而不畏也，狎大人，侮圣人之言。"对孔子的这番话向来就有人认同有人批评，这很正常。但我认为，孔子及其整理、创作的《诗》《书》《礼》《乐》《易》《春秋》之所以能成为中国文化的核，正在于他极其广博深厚的"文化心态"——"畏"心理，所以他"作"了如此多，却依然说自己"述而不作"。这其中当然包含了孔子对他者的认同，但首先包含的是对他者的尊重、敬重。我们今天讲现代意识，讲平等，若没有对他者的尊重、敬重，没有对他者的认同，何谈平等呢？现代意识中的平等应当含有孔子的这种"敬畏"意识。而有的教师一无所畏，还自认为有现代批判精神，所以敢于以"大无畏"的精神将所有的文章都说得不值一读。

三、怎样将文本解读进行到"底"？

一是读懂文本。

读懂文本是将文本解读落到"实处"的大前提，如果文本传达的基本意思都理解不到，肯定谈不上落到实处的。所以，教师备课时一定要搞清楚三个问题：写了什么？为什么写？怎么写？

"作家写了什么"的追问，是文本研究的开始，没有这踏实的一步，后面诸如作品的主旨是什么、作品具有怎样的特征这样一些问题就很难展开。一般情况下，第一步应当去追问"作家写了什么"，第二步是在认识、理解作家所写的基础上产生感悟、获得启迪、展开联想等。第一步是基础，第二步在第一步基础之上展开。如果第一步没有把握好，第二步就会离作品更远。这是应当尽可能避免的。

可能有人会说：阅读也是一种创造活动，所以有"一千个读者就有一千个哈姆莱特"之说。确实，阅读是一种二度创造。古人曾说，"作者未必然，读者何必不然"，说的就是这种创造性阅读。但创造性阅读是阅读的高级阶段，更要有第一步阅读做基础。一千个"哈姆莱特"也好，一万个"哈姆莱特"也罢，最终读者心中呈现的形象还是莎士比亚笔下的"哈姆莱特"，绝不会是曹雪芹笔下的"贾宝玉"。这也说明，创造性阅读所创造的与作家所写的必定有某种必然联系，必定有创造产生的连接点，否则就成了无本之木、无源之水。

作家为什么写这些？这是教师备课时也要很好地去追问的，这个问题解决了，对文章主旨的理解才算基本到位了。也只有探到了"为什么写"，才可能对教材"处理"有一个总的把握，而不会被学生一些看似有理实则偏颇的说法所迷惑，从而才可能从容地引导他们，至少不会在一个不恰当的层面上纠缠。

理解主旨之后，要从作品的整体运思与美学追求去考虑"怎么写"的问题。作品的整体运思主要是指选取什么材料，怎样组织材料，这是"怎么写"的两个关键问题。看写得好不好，先要看材料选择是否有效，是否能表现主旨，然后看材料组织是否最大限度地发挥了材料的效能。如读史铁生的《合欢树》时我们会产生这样的疑问：为什么文章写了一半才接触"合欢树"？为什么没有直接描写"合欢树"？既然如此，为什么还要以"合欢树"为题？

美学追求两个大的角度：时代共性与作家个性。对经典作品，我们要将其置于这两个背景下来观照。这不一定是作为显性的教学目标，但一定要有隐性的教学定位，即在不知不觉中把这一方面的内容渗入课堂，使学生逐步建立起一种"知人论世"的阅读方法。只有在这个基础上，才能真正谈得上创造性阅读。王国维的"三种之境界"绝不是凭空创造的，是在对晏殊、柳永、辛弃疾三位词人的作品精熟之后的天才发挥。

如果教师在这些方面都能有充分的准备，课堂教学就不会"空虚"，就一定会踏实有效；也只有教师掌握的内容比课堂应讲授的内容全面得多，深刻得多，这堂课才会真正得心应手。

二是认识文本的教学价值，确定教学目标。

认识、考量"这一"文本的价值，然后确定教学目标，是将课堂落到"实处"的重要一步。如前所述，中学教材的文本价值有七个方面，教师可根据单元教学目标、学生学习实际及文本特点选取适当的教学目标。教学目标的确定，是将文本解读落到实处的第一步。如果教师认为"这一"文本在"这一"单元中确实没有意义，教师也可以不在课堂上花时间，让学生课下读一读即可。这种"忽略"也是一种"处理"，也是将教材落到"实处"的一种方法。

要特别说明的是，教学目标的确定，体现教师对教材与学生的全面理解。"这一"文本在"这一"单元对"这一"学生群体在"这一"阶段的独特价值，就是"这一"课堂的教学目标。这里我用了五个"这一"，表明教学目标的特殊价值，或者说唯一性。所以，我觉得教师备课首先要花大功夫的，就是对教材的独特意义的理解，特别是要将对学生的理解纳入对教材的理解中。这样，你的每一堂课就可能是独特的，是不可复制的。至少你对教材之于学生意义的理解应当是别人不可替代的。我是这样认识的，也期待自己的课堂达到这一目标。所以，我觉得如果别人听了自己的一堂课，说"这种课"只有我在"这学校"甚至"这班级"才能上，那就满足了，因为这表明了它的"这一"性。

三是做好课堂预设。

这堂课要做什么？教师应当是有预设的。现在有人反对课堂预设，认为这是对学生"主体性"的忽视；甚至还有人反对课堂控制，主张完全放开，教师与学生共唱"信天游"。这是从一个极端走向另一个极端。本质上说，教育的目的就是对"人"的预设，对"人"的"唤醒"，没有预设就没有教育，何谈对"人"的"唤醒"？

现在我们有时还过于注重对课堂生成的评价，认为教师在课堂上不应该被预设牵着走。问题的答案当然不能全由老师给，要想办法让学生自己获得。但这也有理想化的成分存在，因为许多问题学生是没有能力解决的。如果什么问题学生自己都可以解决，那还要老师做什么？从本质上说，老师应当是课堂的主导者，学生是课堂的获益者。如果学生就某个问题还没有具备解决的条件，那么只有让老师来把答案告诉他们了。老师要做得好一点，就是要尽可能让他们认识到为什么是这样的答案，而不是那样的答案。但一定要允许他们质疑。我觉得，现代教师的开智启悟功能，最主要的就体现在帮助学生解决他们自己解决不了的问题。从这一点上说，教师与学生是不平等的，或者说教师是先知者，学生是后知者。也是从这一点上说，学生是"无知"的，教师的意义就建立在学生"无知"的基础之上，教师的意义就是变学生的"无知"为有知。这个"知"是"知识"，是"见解"，是"智慧"。也是从这一点上说，古今教师的意义是相同的。无论什么理论，都很难推翻这一点。

文本解读怎样走出
"共性知识"圈

一、问题的提出

现在为什么许多学生不愿意上语文课？为什么面对许多经典文本他们也无欲无求、无味无趣？原因有很多，有学生的原因，有教师的原因，有教材的原因，有考试制度的原因等。而其中重要的一点就是语文课在解读这些经典文本时，许多时候都停留在学生早已厌弃的那些空洞的概念上，如一些套话——歌颂了什么，批判了什么，揭示了什么，表达了什么等；如一些大话——民族精神、崇高品德、伟大人格、纯洁心灵、诗意人生等；如一些空话——语言独特、结构精巧、思想深邃、感人至深等；如一些放在许许多多的地方都成立的话——自然美、社会美、人性美，优美、壮美等。

这些概念是许多文本具有（或可赋予）的"共性"特征。如"表达了对……的赞颂和珍爱"这一句式概括的内容，就是许多文本共有的情感。它可以套在《故都的秋》这个文本中，说"文章表达了对故都秋色的赞颂和珍爱"；可以套在《济南的冬天》这个文本中，说"文章表达了对济南的冬天的赞颂和珍爱"；可以套在《晨昏诺日朗》这个文本中，说"文章表达了对诺日朗的美景的赞颂和珍爱"；还可以套在《瓦尔登湖》这个文本中，说"文章表达了对瓦尔登湖美景的赞颂和珍爱"。很显然，这里"表达了对……的赞颂和珍爱"的句式所表达的内容具有广泛的共性，可以说许许多多的写景文章都有这样的情感内涵，如果不能将这一句式表达的内容具体化，那就是大话、空话、套话。不要说高中生了，就是小学生，只要凭直感，就可将任何一篇写景的文章用这样的句式概括出来，把省略号替换成文章描写的景物名就行了。这样的问题根本不需要动脑筋就能解决，但许多语文课堂却一而再再而三地把用这类句式概括文本的内容作为教学的一个重要目标，学生当然就不买账了。类似这样的将文章的某些"共性知识"不断反复地作为教学目标的例子举不胜举，有的指向文本内容，如上所述；有的指向文本形式，如"情景交融""托物言志""首尾呼应""承上启下""先总后分""先分后总""画龙点睛""正面描写""侧面烘托""象征法""类比法""喻证法"……翻阅哪一套教材的参考书都能发现，仅"情景交融"一项，从初中到高中，就有十多篇课文将其设置为教学目标。

不是说"共性知识"不能讲，更不是说不要讲，而是说如果文本解读仅停留在这一层面，时间长了，学生必生厌恶，同时也就丢失了文本解读在语文教育中应当承载的其他意义；尤其是如果长期停留在空洞概念的搬弄上，而不能真正进入文本去发现文本的独特性，则更会使学生丢失求实精神，满嘴假言、空言、大言而不自知。

因此，如何走出文本的"共性知识"圈，应当是当前中学语文课堂文本解读亟需解决的一个重要问题。我认为，以新鲜感、实在感、专业感引导学生真正走进文本，是语文教师可以尝试的做法。

二、探寻作家的心灵密码

求新、求变、求幻，是人的普遍心理，何况正处在躁动期的青少年？教育应当满足学生这样的心理需求，语文课堂也不能例外。问题是文本解读课的新鲜感自哪里来。我认为，来自对文本中隐藏的作家心灵密码的探寻。

宗白华先生说过，"艺术为生命的表现"。清人叶燮论诗时说，诗中表现的"事""情""理"三种内容，全部紧贴诗人本身的人生，"事"反映诗人多种多样的生活经历和人际遭遇，"情"表现诗人各式各样的人生欲念和人生感慨，"理"述说诗人不尽相同的人生概念和人生哲学。其实，无论是诗人，还是散文家、小说家、戏剧家，他们作品中所述的"事""情""理"，都是作家对自我人生体验的开掘与把握。有了这种开掘和把握，就有了心灵底层的灵光闪耀，作品就有了灵魂，有了生气。这灵光与生气，就是作家个体生命的凸显。换言之，这灵光与生气，就是作家的心灵密码，就是解读此一作品的密钥。从这个角度说，语文课堂对经典作品的解读，就应当寻找作家心灵底层闪耀的独特的光芒。

如《故都的秋》，它确实"表达了对故都秋色的赞颂和珍爱"，但这还不是"作家心灵底层闪耀的独特的光芒"。那么"独特的光芒"是什么？又从哪里可以看到？

作家在第一自然段说："不远千里，要从杭州赶上青岛，更要从青岛赶上北平"去"饱尝"故都的秋味。这"秋味"是什么？

文章的第十二自然段回答了这个问题："有情趣的人类，对于秋，总是一样地能特别引起深沉、幽远、严厉、萧索的感触来的。"这种感触发而为文，就成了"关于秋的歌颂与悲啼"。这篇文章也是如此。这里关键是"情趣"二字。那么郁达夫的"情趣"表现在哪些方面呢？表现在"幽远、严厉、萧索的感触"。也就是说，郁达夫"不远千里，要从杭州赶上青岛，更要从青岛赶上北平"去"饱尝""故都""悲凉"的"秋味"，是要到"故都""饱尝"秋的"幽远、严厉、萧索"。

这就出现了两个问题：一是郁达夫对秋的"幽远、严厉、萧索的感触"具体表现在哪里？二是为什么"爱"这样的感触？解决这两个问题是读懂文章的关键。

我们先看郁达夫对秋的"幽远、严厉、萧索的感触"的两段精彩描写，也就是他感触的具体表现——

从槐树叶底，朝东细数着一丝一丝漏下来的日光，或在破壁腰中，静对着像喇叭似的牵牛花（朝荣）的蓝朵，自然而然地也能够感觉到十分的秋意。

像花而又不是花的那一种落蕊，早晨起来，会铺得满地。脚踏上去，声音也没有，气味也没有，只能感出一点点极微细极柔软的触觉。扫街的在树影下一阵扫后，灰土上留下来的一条条扫帚的丝纹，看起来既觉得细腻，又觉得清闲，潜意识下并且还觉得有点儿落寞……

感觉秋意，先是"从槐树叶底"，注意"叶底"，这是将你的眼光引到蕴藏秋意的地方来，因为在作家心中这"槐树叶底"有浓浓的秋意；再"朝东细数"，注意"细数"，这是将你可能还粗放的心引向细微处，因为在作家心中秋意就藏在这细微处；然后数"一丝一丝漏下来的日光"，注意"一丝一丝"，这就是一丝一丝的秋意了。当你也这样跟着作家一丝一丝地数着这槐树叶底"漏"下的日光时，你是不是也用一颗宁静的心领略到了秋的"寂寥""清凄"与"悲凉"了？

或者，你从"破壁腰中"去领略这些，注意"破"和"腰"二字，它们呈现了摇摇欲坠的"衰残"感；注意"牵牛花（朝荣）的蓝朵"，早上刚刚开放的蓝色的花朵，是不是有点"生不逢时"了？注意那个"静"字，它将你引到哪里了？是不是引向了一种寂静——秋的寂静？若长久地面对这"秋的寂静"，是不是会有一种"寂灭"感了？

再看第二段文字。请先注意"只能感出一点点极微细极柔软的触觉"一句。"只能"是不是表达一种遗憾？是不是表达一种怜惜？是不是表达一种内心的疼痛？由此，你是不是感觉到作家内心情感暗流的涌动？你还可以注意"灰土上留下来的一条条扫帚的丝纹"一句。"丝纹"是极细小的线条交织成的花纹。当你的眼睛跟着作家的眼睛注视着这"丝纹"的时候，你是不是还在感念那"落蕊"的"寂灭"？

从这样的描写中我们发现了作家的道德与审美的双重选择：对凋零（弱、衰、残）生命的深度感念；对悲情美的偏爱。比较一下我们能看得更清楚：他不是如大多数人那样以秋悲己，以秋悲人，也不是如刘禹锡那样高调颂秋，而是以人类生命之悲情体察"另类生命"（"故都"及"故都的秋"）之衰危。

到底是什么使作家有这样的"感念"与"偏爱"？

这就需要关注郁达夫这个生命体的独特性了。郁达夫是现代文化史上不多见的文化个体。他深受中国传统文化的熏陶，对中国传统文化有着深沉的爱，同时他又接受着新文化的洗礼，一生都未改变过反封建的立场。因此，他的小说、散文、文艺理论都很好地将传统文化与新文化有机结合起来，既有鲜明的现代色彩、个性色彩，又有浓厚的传统韵味、爱国情怀。再加上他敏感、忧郁的性格特征，他的作品便更有了一种对生命特别是悲苦生命的深长而细腻的激情感怀。《故都的秋》正是这样一个文化个体对北平这一"故都"文化生命体的激情拥抱。作者在《北平的四季》（1936 年）中吐露了对故都的感情："北平的人事品物，原是无一不可爱的，就是大家觉得最要不得的北平的天候，和地理联合上一起，在我也觉得是中国各大都会中所寻不出几处来的好地……五六百年来文化所聚萃的北平，一年四季无一月不好的北平，我在遥忆，我也在深祝，祝她的平安进展，永久地为我们黄帝子孙所保有的旧都城！"《故都的秋》写于1934年，此时的郁达夫深深地感受到了当时北平的危机。而此时（甚至可以说一生）郁达夫自己也是居无定所，颠沛流离，饱受人生的愁苦和哀痛。这样，《故都的秋》就投射了作家的多重生命情怀，或者说是作家多重生命情怀的转化：对个体悲辛的感念与拥抱，对群体生命凋零的感念与拥抱，对故都衰危的感念与拥抱。其感念与拥抱的背后，是他仁厚、豁达的心性与对故都及故都文化的深情。

秋，暮秋，衰残的秋。首都，故都，衰危的故都。读到最后，感觉这两者在文中合二为一了。感念故都秋的"清"、玩赏故都秋的"静"、爱怜故都秋的"悲凉"，由此我们看到了作家沉静、仁厚、悲悯的心性，看到了作家对故都、对祖国、对中华文化的深爱。这种心性，这种深爱，正是一个高贵生命体的高贵情怀。这就是作家心灵底层闪耀的独特光芒，它幽幽地点亮了故都的秋色。

通过这样一番探寻，我们就能发现，《故都的秋》虽然是应约而写，但不是一般的应付之作，而是作家深切的生命体验后的心灵呈现。它的写作，给了作家心理以抚慰，因此可以说是作家真实的生存方式，是作家真切的生命表现。这也非常吻合郁达夫的文学主张——"文学作品，都是作家的自叙传"，作家的个性"总须在他的作品里头保留着"。

由此我们也不难理解，如果引领学生探寻作家的心灵密码，一定会有很强的"新鲜感"，因为每部经典所藏匿的作家心灵密码是不同的，不仅密码的内容不同，隐藏的方式也千差万别。运用千差万别的方式，寻找形形色色的密码，每一堂文本解读课就一定会有每一堂课的新鲜感。更重要的是，在这种新鲜感的引导下，学生与作家的情感、思想不断相遇相知，相知相融，相融相生，作品中寄寓的作家的美心、善心、慧心也就不断地感染着、激荡着、影响着学生，助推学生孕育美心，走向善地，达到慧境。同时，寻找密码的过程，是一个紧扣文本的实证过程，即使是文本之外的佐证，也要与文本的内涵相吻合才能令人信服。如果长期坚持这样的学习，学生也会逐步养成一种"实证精神"，如胡适所言"有七分证据，不说八分话"。这不仅是为学品格的养成，也是为人品格的养成。并且，在实证的过程中，学生会逐步习得归纳与演绎的本领，懂得如何概括与揭示（概括与揭示是一个人表达自己与世界关系的两种最重要的方式）。我相信，一个语文教师总是给学生这样的语文影响，学生自然也会慢慢"懂得"语文，一定会体会到语文"学与不学是不一样的"，体悟到语文很强的"专业"特征。

但需高度警惕的是，探寻作家的心灵密码绝不是猎奇，不是曲解，更不能恶俗。说《故都的秋》是表现郁达夫的变态心理，是猎奇；说鲁迅《白莽作〈孩儿塔〉序》实际上是批评白莽诗艺的缺失，是曲解。这些与"作家心灵底层闪耀的独特的光芒"无涉！这些做法也与一个真正意义上的语文教师的行为无涉！

三、引导学生的成长需求

当然，"探寻作家的心灵密码"一定要与学生的成长需求点切合，并将其化为具体的课堂教学步骤，才是中学语文课堂的"文本解读课"，否则就变成一般的学术讲座，前述的文本解读的种种好处就要大打折扣了。

那么另一个问题又来了：学生对语文的需求是什么？我认为，他们有应试的需求，更有成长的需求，只是后一种需求他们自己并不能很清醒地察觉到罢了。

在这个功利化的社会里，学生也期待自己的行为效益最大化，居第一位的就是他们的学习能帮助考试拿到高分。不能否定，这是合情合理的要求，语文教育当然要满足这种要求。

但这个在很多学生那里看起来就是语文学习的全部意义的问题，教师绝不能也如此简单地理解，将自己语文教育行为的意义全部落在帮助学生考试的意义上，那就是将自己的认识等同于学生的认识了。

首先，仅从考试的角度教学无法真正解决考试的问题。王安石《答曾子固书》中有"读经而已，则不足以知经"。我模仿说："应试而已，则不足以知应试。"因为要真正地满足应试的高水平要求，应试者就必须具有较强的对书本与生活的感知力、理解力、描述力、批判力、鉴赏力，最终常常落实在书面表达力上，我将这些统称为"文化表现力"。如果语文教学只是就试题讲试题，将许多精彩的篇章当作应试训练的材料，而不能致力于整体上提升学生的"文化表现力"，最终也是不能满足学生的应试要求的。因此，提升"文化表现力"，其实是学生语文应试的一种非常重要的需求，理当成为教师教学的重要任务。

中考与高考在很大程度上是对学生"文化表现力"的考查。

现代文与古代诗文阅读侧重于"文化理解力"的考查，写作侧重于"文化批判力"的考查。语文教学注重培养学生"文化表现力"，就是帮助学生获得好的应试成绩的根本性措施，而"题海战术"与所谓应试术的教学只是一般的技术化教学，不能从本质上提高学生的应试能力。如果学生有了较强的"文化理解力与批判力"，再配以适当的应试技巧，一定能考出好成绩。或者说，应试技巧没有较强的"文化理解力与批判力"支撑，是不可能产生很好效果的。

其次，从人的成长角度看。人的成长在很大程度上说，是"文化表现力"成长。本质上说，人是文化的；一个人的能力的大小，与他的"文化表现力"的大小成正比。因此，培养学生的"文化表现力"与学生自身的发展紧密相连，它非常符合学生自身发展的内在需要，可以很好地激发学生学习的内驱力。而"题海战术"与所谓应试术的教学只是一般的技术化教学，是从外部强加给学生的东西，不能真正激发学生学习的内驱力。

人是文化个体，现代人是现代文化个体，全球化背景下的中国人身份是现代学生无可逃脱的民族（文化）身份。培养学生的"文化表现力"，使学生更自觉地认识到自身的中华性，更自觉地认识到自身所承载的现代性，将有利于学生更自觉地寻求生命发展的空间与道路。这也是语文教育的根本性目标。

因此，如果能将"探寻作家的心灵密码"与培养学生的"文化表现力"相结合，语文课堂将对学生有更大的吸引力。

为说明问题，下面试着将"基于'共性知识'教学的教学设计"和"基于将'探寻作家的心灵密码'与培养学生的'文化表现力'

相结合教学的教学设计"作一对比，我们将会看到，后者不仅完全涵盖了前者的教学内容与教学目标，而且其带给学生的课堂新鲜感、语言敏感点、情感共鸣度、思想深刻性、文化积累量、思维锤炼力，均远远超过了前者。请看——

《故都的秋》教学设计一

（基于"共性知识"教学的教学设计）

1. 作者介绍（预设目的：掌握文学常识；知人论世。）

2. 课文分析

A. 通读全文，厘清文章的思路，理解文章的结章方式：按"总—分—总"的结构安排材料。第一部分总起，高度概括北国之秋总的特征：清、静、悲凉。第二部分分写，描写故都独具的秋天的多种景致。第三部分总结，重申南国之秋的色味比不上北国，直抒对故都秋天的无比热爱与眷恋之情。首尾呼应，回环往复。（预设目的：概括能力培养。）

B. 关注重点段落，分析故都秋天的景物特点：清、静、悲凉。（预设目的：概括能力培养。）

C. 写作方法：

◆联想与对比——文章以对比联想的方法，以南国之秋与北国之秋对比，既有整体上的对比，也有特殊景物的对比。（预设目的：认识写作方法，以读促写。）

◆情景交融——以景述情，缘情叙景，通过对故都秋景的描写，抒发了对故都的热爱之情。（预设目的：认识写作方法，以读促写。）

3. 练习

（一般有10题左右，内容涵盖字、词、句、篇的"共性知识"理解以及修辞手法、写作手法的识别与运用方法，这里仅举两例。）

A. 课文第三自然段写清晨院中的秋意，主要从＿和＿两个角度来突出秋味。（答案：视觉　听觉）（预设目的：认识写作角度。）

B. 第十二自然段的中心句是＿＿＿＿＿＿＿＿＿＿。（答案：有情趣的人类，对于秋，总是一样地能特别引起深沉、幽远、严厉、萧索的感触来的。）（预设目的：筛选信息能力培养。）

这一设计（它还可以有许多变体，但本质的东西不会变）适用于所有相类文章。对高二学生来讲，除了作者介绍稍有新鲜感（现在大多数学生不知道郁达夫，但也可以通过预习了解），其他都是相类文章的"共性知识"无数次反复之后的又一次反复，缺乏新鲜感不说，因为是低层次能力的训练，所以也不能培养学生的语感，锤炼学生的思维，更不能落实语文教育的情感、态度与价值观方面的目标。按这样的设计上出来的课，说它面目可憎一点也不为过。

《故都的秋》教学设计二

（基于将"探寻作家的心灵密码"与培养学生的"文化表现力"相结合教学的教学设计）

1. 预习

了解郁达夫的新旧文化背景及文学创作特征。（预设目的：让学生对郁达夫作为一个独特的文化生命体有一个整体的感知。这一设计涵盖了"设计一"的第一步，但指向性更明确，且隐含归纳思维锤炼。）

2. 课堂教学

（1）速读全文，说说：郁达夫最爱故都秋景的哪一景？为什么？请结合文本和你对作家的了解给出理由。（预设目的：①引导学生从文本中探寻作家心灵密码，通过触摸具体的语言文字触摸作者的心灵。②每一景都是作家的最爱，学生要有所取舍，就要有自己的独特见解，这是将作者心灵、作品表现的心灵与学生心灵贯通的一种方法。③在每一景可能都被学生说到后，教师可以及时点拨，将学生引向对"故都的秋"色、味的整体把握，从而整体地理解文本、理解作家。这一设计涵盖了"设计一"的第二步"课文分析"的前两个步骤及第三步的第二层，但其意义远远超过了"设计一"。）

（2）文章第十二自然段最后说："可是这秋的深味，尤其是中国的秋的深味，非要在北方，才感受得到底。"

A. 请你用（揣摩）郁达夫的心声，读出这一句子。

B. 请你从写作的角度说说其中"才"一词的意义。

C. 通读全文，找出并贯通诵读与这一句子呼应的句子，然后说说它们表意的区别。

（预设目的：在第一步的基础上进一步从整体上感受文气、文脉、文意，更深地体味郁达夫的行文之美，提升感知力、识别力、鉴赏力。这一设计显然涵盖了"设计一"的"课文分析"的第三步第一层。）

（3）第二自然段与第十三自然段都是将南国之秋与故都的秋作对比。

A. 请写出两段对比的不同之处。

B. 为什么要使用两段对比？它体现了作家怎样的心声？请结合全文内容与形式两方面思考，用 300 字陈述你的答案，并读给同学听。

（预设目的：一篇短文，却前后两段使用相近内容的对比，是这一文本的"形式个性"。笼统讲对比，是"共性知识"；具体讲这两段对比的不同内容与意义，就是将"共性"化为"个性"了。）

3. 练习

作者在描写故都的秋时，加入了许多主观性很强的词，如"只能感出一点点极微细极柔软的触觉"中的"只能"。请找出 10 个这一类的词进行品味，说说这种"主观性"词语的意义。

（预设目的：表面看只是培养语言的感知力，深层次却是加深与文本生命的整体性对话，加强综合性的文化理解与文化积淀，因为这些词语在很大程度上表现了郁达夫这个独特的文化生命体的心灵秘密。在学生对这一文本有了比较深刻的理解之后，再通过练习形式让学生体味这种文化心灵之密，他们一定会有更多的"恍然大悟"。这也是语文教育中"意会"意义的体现。）

这一设计隐含了文本的"共性知识"，又"走出"了文本的"共性知识"圈，给学生搭建了一个进入文本的个性化台阶：它紧紧扣住了文本的具体内容、个性化的情思以及独特的表现形式（具体的语言形式），只适应于《故都的秋》这一文本；它"将'探寻作家的心灵密码'与培养学生的'文化表现力'相结合"，既具新鲜感，又具挑战性，从语言感知、情感体验、文气激荡、文化贯通、思维锤炼等诸方面给学生以满足、提升、引导。

四、拆除文章学教育思想藩篱

要"走出'共性知识'圈"，有一个很大的障碍，即语文教育领域长期以来建立起来的文章学教育思想。

一百余年的现代语文教育，特别是中华人民共和国成立以来的中学语文教育，阅读教学主要是从文章学的角度解读文本。大体而言，从文章学角度解读文本包括下面几个主要方面：文章知识（主要指向作家、作品常识），文章内容（主要指向文章表达的情感、思想），文章形式与风格（主要指向写作技巧：运思、取材、结章、修辞）。这只要看一下由上海市教育委员会教学研究室编写的、华东师范大学出版社 2007 年出版的《上海市高级中学语文学科教学基本要求（试验本）》的目录，即可窥大概——第一章"现代文阅读"：第一节"基础知识的学习与运用"，第二节"关键词句的品味"，第三节"思路与结构的把握"，第四节"中心的把握"，第五节"写作特点的分析"，第六节"作品的鉴赏与评价"。这几个方面的循环往复，就构成了"共性知识"圈。

特别要指出的是，这些"共性知识"有许多来自文本的政治学与社会学意义，来自文本的结构与修辞意义。我们当然要关注这些意义的存在，不能否定这些意义对语文教育的意义，但若仅从这方面去理解文本显然就因此遮蔽了文本其他方面的语文教育意义，诸如文本的文学意义、审美意义，文本作为作家生命表现的意义、作为与读者生命对话的一种特殊的生命存在的意义，文本作为锤炼学习者语言与思维的重要凭借的意义等。

近20年来，有不少研究者企图突破"文章学教育思想"，走出文章"共性知识"圈，寻找语文教育的新途，如王尚文提倡"语感论""对话论"，李维鼎主张"语文言意论"，李海林构建"言语教学论"等。我本人也于2000年提出了"语文学习的第一要素是生命体验"的命题，倡导并实践"生命体验教学"。但总体上看，目前中学语文教育基本上还是为文章学教育思想所统治，所以绝大部分课堂仍以文章的"共性知识"为教学重心，检测、评价教育效果时也以此作为命题的依据。

因此，文本解读要走出"共性知识"圈并非易事，首先必须拆除文章学教育思想的藩篱。

第一，拆除文章学所规定的文本解读基本内容的藩篱，将文本纳入更开放的教育视域中观照，从而拓宽文本解读的内涵，满足并引导学生成长的需要。经典文本既具有文章学所研究的文章共性，也具有文章学所不能包含的诸多特性，可以说每个经典文本都具有艺术（文化）生命体的多种独特性。如《故都的秋》，从艺术发生角度，可以发现作家的心灵密码；从艺术审美选择的角度，可以从它精妙的描写中发现作家道德与审美的双重选择；从艺术为人生的角度，可以发现它带给作家的心灵抚慰，带给读者的阅读快感；从艺术语言的个性角度，可以发现郁达夫语言强烈的主观色彩。而这些角度，在给文本解读带来更多选择性的同时，也增添了更新鲜且实在的教学内涵。

第二，拆除文章学所界定的定义藩篱，将文章视为作家独特生命的转化，视为作家独特的生命形态，引导学生在文本解读中进行广泛的生命体验。

请特别注意，这里是视角的颠覆，或曰理念的颠覆。将文章视为抒述作者意思、情感的东西，是将文章视作外化于生命存在的客观体；将文章视为作家独特的生命形态，是将文章视作作家生命的一部分，或作家生命的某个特殊时候。这种变化，使得文本解读者从以前的隔岸观火变成了与作家一同燃烧，如丰子恺先生在《谈自己的画》中所言："欢喜读与人生根本问题有关的书，欢喜谈与人生根本问题有关的话，可说是我的一种习性。……我所见的文艺书，即使最普通的《唐诗三百首》《白香词谱》等，也处处含有接触人生根本而耐人回味的字句。例如我读了'想得故园今夜月，几人相忆在江楼'，便会设身处地地做了思念故园的人，或江楼相忆者之一人，而无端地兴起离愁。又如读了'流光容易把人抛，红了樱桃，绿了芭蕉'，便会想起过去的许多的春花秋月，而无端地兴起惆怅。"

前述《故都的秋》两个教学设计之所以大不相同,其根本原因就在这里:"设计一"是在文章学教育思想指导下的产物,主要指向文章"共性知识"的学习与掌握;"设计二"则是将文章视为作家生命形态的产物,主要指向文化生命的独特性体验与对话。

拆除了藩篱,视野必定开阔得多,思想必定自由得多,文本解读时就必定会有更多的发现,有更深广的思考,有更美的享受。读《故都的秋》就可能不会局限于、满足于"表达了对故都秋色的赞颂和珍爱"这样抽象的"共性"话语,就可能会探寻照亮故都秋色的郁达夫独特的心灵的光源。同样,读《从百草园到三味书屋》,就可能不会听命于这样的说法:文章是将百草园与三味书屋作对比,揭示儿童的广泛兴趣与书塾束缚儿童天性的矛盾,表达了让儿童健康活泼成长的要求,而可能会去更深层地感受、体味鲁迅在压抑的生活中以回眸活泼自由的童年来温暖心灵的努力;读《守财奴》就可能不会人云亦云地说,小说揭露了资本主义社会人与人之间赤裸裸的金钱关系,而可能会引导学生更深刻地理解"守财奴"的贪婪本性是不良的性格缺陷……

在上学时,最讨厌的就是讲小说欣赏的老师,无论讲到哪里必然要从他的嘴里迸出这样的套话——"如闻其声,如见其人"。第一次听到就已不新鲜,再听就觉得很可笑,反复听就只能憎恶之。语文老师如果经常讲一些套话,真的会令学生反感的。我认为,拆除文章学教育思想的藩篱,走出"共性知识"圈,在带领学生探寻作家心灵密码的过程中，以新鲜感、实在感、专业感引领学生抵达文本的腹地，满足并引导学生的语文需求，从而引领学生收获语文知识，习得语文能力，获得生命启迪，促进其文化生命的发展，应当成为今天中学语文教育文本解读可期待的境界。

评课的四个
必然条件

　　评课一直是教研活动的重要一环。大家是否想过这个问题——凭什么评课？我认为作为一个评课者，对此应当有认识，且认识得越清楚，评课的效果可能也就会越好。

　　评课者凭什么评课？凭口才？凭学问？凭智慧？凭权威？凭地位？凭……这些似乎都是凭借的条件，但不是必然条件。必然条件是什么？

一、对课文的核心内容有准确的理解

　　讲读一篇课文，毫无疑问，最先要解决的问题是对课文核心内容的理解。评课者评一节课，最先要评价的是授课者对课文的核心内容是否把握了。若课文核心内容不能把握住，其他做得再好，这堂课也会多失颜色。这样的课是不少的。以《兰亭集序》和《项脊轩志》这两堂课为例：

《兰亭集序》的核心内容是什么？是不是讲要超越乐与悲，达到从容淡定？先看看文章的具体内容：第一段传达的是人与自然、人与自己创造的文化高度融合后产生的欢畅感、满足感、幸福感；第二段传达的是由这种幸福感转瞬即逝而产生的生命苦短的痛惜之情；第三段传达的是由古人、今人、后人"虽世殊事异，所以兴怀，其致一"（由幸福感转瞬即逝而产生的生命苦短的痛惜之情）的必然命运而产生的对人生（生命）的更大的痛惜之情。细细体味三段内容，可以触摸到王羲之对人生（生命）无限珍视的怦然跳动的岑寂之心。怦然跳动是情感的激越，岑寂是思虑的清醒而悲凉。两者在"后之览者，亦将有感于斯文"中高度统一。有感于此，积极入世的读者会产生更热烈的生命激情，消极遁世的读者会加速冷却生命的激情。简振雷老师执教此堂课讲的超越悲喜的从容淡定从何而来呢？从课堂的梳理看，他的这个结论也显得较勉强。

再看《项脊轩志》。它的核心是什么？是悲情，还是悲喜交加之情？课本练习中引用前人的评说"一往情深"。怎样的"一往情深"？第一段虽有悲情，但最后落在"喜"字上，可以看作写"喜"。从第二段开始，虽有欢愉，但落在"悲"字上，可以看作写"悲"。整篇虽有欢愉，但终篇传递给读者的是惨恻之情。通篇而观，是以喜写悲，以悲写爱，以爱写憾（倒数第二段的"不常居"三字实在是字字千钧），以憾写痛（对身世悲惨的感怀之痛，对故人的思念之痛）。最后"亭亭如盖"四字将这种痛形象呈现，物长情长，仿佛如这枇杷树，越长越茂盛，越长越浓密）。这样，层层延展，而一往情深。钱春老师执教此堂课虽没有直接讲本文的核心是什么，但从他将本文的一个特点讲成"悲喜互隐的平淡"中可以推断，他认为本文的核心是悲喜交加之情。这显然是没有到达底部的。如果到达底部，恐怕就要有所补充，完整的说法是"悲喜互隐，终结于悲"。

我曾在 2007 年上海市中青年语文教师论坛上提出"将文本解读进行到'底'"的观点。我认为，钱老师对《项脊轩志》的解读没有到"底"，简老师对《兰亭集序》的解读则穿透了"底"，属于过度阐释。

但读了十几位老师的评课，却没有读到有老师关于两位授课者对课文核心内容的理解是否准确的评价。是这十几位老师都认同两位授课者对课文的理解，还是压根儿就没有去思考这个问题？我相信是后者居多。就像我们上课习惯了谈文章的形式，而容易忽略谈文章的核心内容一样，评课也是习惯谈"课堂艺术"，而容易忽略"课堂艺术"建立的基础——对课文核心内容的理解。这在我们平常开展的教研活动中常常出现，应当引起重视。

二、对课文艺术个性有清晰的认识

《兰亭集序》的艺术个性是什么？是由乐景生悲情，由悲情悟人生真谛（写景与议论有机结合）。《项脊轩志》的艺术个性是什么？是悲喜互隐，终结于悲（即以喜写悲）；琐事的叙述中蕴含深厚的生活之理，平淡的语言中抒发浓郁的思念之情（即借事述理，借事抒情）。

从课堂上看，两位老师基本把握住了文本的艺术个性。只是简老师因对《兰亭集序》的解读过于用力，所以对作者所悟有过度阐释之嫌；钱老师因对《项脊轩志》的解读没有到"底"，所以对艺术个性的把握也就不够完整。

从评课看，十几位老师对此关注甚少。但我认为，这是应当着力的地方。为什么老师们都避而不谈？我认为与对核心内容的忽略一样，老师也常常习惯性遗忘课文的艺术个性。

文本的核心内容与艺术个性的统一，形成文本个性。如果讲授一篇优秀之作，是一定要对此有认识、有理解、有落实的。虽然未必每篇课文都要以文本个性作为授课的重点，但每篇课文的文本个性一定与授课内容紧密关联。只有授课者对文本个性有较好的把握，授课内容才是正确的，否则就会有所欠缺。像钱老师只讲"悲喜互隐""悲喜相生"，就是不完善的。评课者首先就应当关注于此，看授课者是否对文本个性有较好的把握。

为什么老师们对文本个性有习惯性遗忘，主要还是自己在教学中缺乏经常性的思考。这也是应当引起重视的。

三、对课堂的构建过程及特点有细致的观察和不错的见解

十几位老师的评课在这一点上都有不错的表现。

关注教学的起点。顾燕文、翟梦晗、侯云频、杜虹、沈燕、王冰清等老师都谈到钱春老师在课堂上对学情的关注，杜虹老师谈到了简振雷老师在课堂上对学生的理解不够。一堂课的起点在哪里？为什么确立在"这里"？这远不只是寻找教材切入点的问

题，更是对学生的理解问题，是对教材与学生契合点的理解问题，或者说是对教材个性与学生个性共构而成的教学核心的理解问题。对这些问题理解得好，一堂课的起点就会很实，很"合脚"，低了或高了，都会影响后面的"行走"。

关注课堂的整体性。侯云频、陆晓东等老师评简老师的课都着力于此，马伟老师对两堂课的评价也都着力于此。确实，一堂好课 40 分钟应当是一个整体。统一的氛围，良好的向心力，流畅的起承转合，适度的张弛起伏，使得一堂课就像一篇优美的文章，令人流连忘返。只是，这样的课常常在我们的期待中。也是因为有了这样的期待，我们才会每次都那样在意一堂课的得与失。

关注课堂的局部特征。一堂，特别是一堂精心准备过的公开课，总会有一些亮点，而这些亮点又往往表现在一堂课的局部。因此，评课时关注课堂局部特征就成了一种常态（前面讲的关注起点，如果只局限于谈起点，其实也是关注局部；如果在谈起点时，还关注起点与后面的种种关联，那就涉及整体了）。既然能成为一种常态，可见它大受欢迎，但难点也随之产生了。这十几位老师的评课，实际上多数也是在关注局部，且有的关注非常有见地。贾军老师对钱春老师关于"儿寒乎？欲食乎？"能不能导致作者流泪的分析的评说就非常精彩，认为"煽情点"不在于这句话是对谁说的，而应该在于归有光当时的处境与这句话本身所折射出的母爱，确实击中了要害。顺着贾老师的说法再往前走一步，就可以说，包括"儿寒乎？欲食乎？"在内的老妪的几句话，实在是将一个思母、念母，而又不可得母，生活与精神处境都很

110

孤独，且感情非常丰富的大男孩内心的脆弱唤醒了。所以，"语未毕，余泣"是很自然的事。钱老师纠结于母亲是关心姐姐还是关心"余"的问题，与"余"为什么流泪的关联度很小很小。贾军老师对简老师课堂资料引用的关注也非常有见地。这里不再具体评价了。

关注教师的个性。这是陶洁、潘玲芳等老师的评课点。做一个有个性的教师不是一件容易的事。为什么？教师的个性来自不竭的教育激情和一流的教育本领，如朗读，如书法，如口才，如思想……没有激情就不能投入，没有本领就不能使激情转化为强大的课堂引力。

关注学生的收获。这应当是特别重要的一点，可惜老师们关注得不太多，因此顾燕文老师对钱春老师课堂的关注就显得特别突出了。一堂课上得好与不好，有许多评价的角度，若问终极而言的角度，那就是学生的收获。学生没有收获的课是没有意义的课，学生收获大的课就是意义大的课。因此，课堂教学应当追求学生收获的最大化。这实际上也就是以学生发展为本的理念在课堂评价中的体现。我们评价起点如何，评价整体性如何，评价局部特征如何，评价教师个性如何，落脚点都应当是学生的收获如何。如果能时时处处关注到这个落脚点，实际上也就是时时处处心中都有学生的发展这一教育的中心命题。那么，我们的教研活动，我们的教育研讨，将会更有实效。

凭什么评课？还会有很多回答的角度，如凭学习态度，凭质疑精神等。值得特别警惕的是，凭假话、大话、空话评课。很遗憾，我们这十几位老师的评课，还存有一些假、大、空的东西。这里不一一指出。我们可以关顾授课老师的面子，只讲好的，不讲差的，但你讲的好处一定要是好处，而不能把差的讲成好的。我们不学这一招，我们摒弃这一招！

凭什么评课？还有一点需要警惕的是，凭自己的特长与爱好。我们常常能听到这样的评课，评课者从自己的喜好出发，从自己的特长出发，说这堂课要怎么怎么上。这是很可怕的。这样的评课是可以不观课而为之的，那还叫评课吗？分明是阐释自我。很高兴，我们这十几位老师的评课，没有这样的"范儿"。我们永远摒弃这一招！

阅读教学
怎样进入作品语言的内部

在高中语文教学中，语言既是阅读教学的出发点，也是阅读教学的落脚点。因而，引导学生进入语言内部，感知、理解、把握语言的要义，获得语言的本真，应当是教师阅读教学最为用力之处。

一、错误的求解之路

毋庸讳言，当今的阅读教学不仅很少进入文章语言的内部，而且很多时候似乎离语言的本真越来越远。有如下表现：

第一，迷信从单一的意识形态角度探寻作品主旨，用意识形态立场取代对语言本真的把握。

以解读孟浩然的《春晓》为例：

春眠不觉晓，处处闻啼鸟。夜来风雨声，花落知多少。

这首诗写了什么？它写春眠（春困之眠）深深→不易醒来→

天已大亮才慢慢醒来→感觉有声音→处处有鸟啼声→再想想昨夜好像还有风雨声→啊，在风雨声中有多少花随风雨而飘落？！概括说，就是写人在暮春时节早晨慢慢醒来时对春天的领会、领悟与感念（过程）。从这一领会、领悟与感念（过程）中，读者体味到的是诗人那种自然而敏感的生命兴味，是那种"与天地参"①"致虚极，守静笃，万物并作"②的生命存在感。这就是这20个汉字的价值本真，也是这首诗作为汉语名作的语言要义。

长期以来，人们习惯性地从单一的意识形态角度追问这首诗的主旨——"表现了春天里诗人内心的喜悦和对大自然的热爱"③，用两个字概括就是"喜春"。这是现在许多语文老师在教学时给学生预设的答案。很显然，这是一个大而空的答案。尤其是"对大自然的热爱"一说，这是典型的贴标签。现在的学生只要看到写自然的作品，就会将"对大自然的热爱"贴上去，并且在课堂上、考卷中都屡试不爽。这其实是非常粗暴、蛮横地对语言、对语言本真认知与理解的深度迷失。

"表现了诗人对美好春天的热爱之情和对春花被风吹落、被雨打落的惋惜之情，实质上它体现的是中华民族对美好生活的热爱"④，概括说就是"喜春"＋"惜春"。这种说法，是现在语文课堂最流行的说法，所以各种教参以及学习网站关于这首诗的解读

---

① 吴树平点校．十三经［M］．北京：北京燕山出版社，2007．

② 岳麓书社编．百子全书［M］．长沙：岳麓书社，1993．

③ 俞平伯等．唐诗鉴赏辞典［M］．上海：上海辞书出版社，2004．

④ 李卫东．《春晓》教学设计［J］．语文教学通讯：小学（c），2010第7期．

都采用这一说法。但孟浩然的这首诗,最浓的旨趣也是"春晓""觉"的过程——从"不觉"→蒙眬苏醒→醒→清醒,真是惟妙惟肖,怎一个"惜"字可以了得?

关于《春晓》的主旨,还有许多说法,如"表现了诗人对世事无所关心的恬淡心境"①"反映了珍惜春眠的微妙心理"②,或者是饱受失眠之苦的诗人,面对窗外凄清残败之景象,而身心交瘁、愁怀郁闷的写照③等。在我看来,无论哪一种说法,都已陷入迷信以探寻"主旨"为解诗重点的泥潭中。其实,读《春晓》这一类诗,一旦被所谓的主旨探寻所挟持,是不能真正沉入诗中的,也体味不到诗中传递的种种妙趣,更体味不到语言的要义与本真。

因为并非所有的诗文都是可以探寻得到主旨的,有的诗文主旨具有不确定性,有的诗文根本不可能以概述法论之,这些诗文本身就只是传递某种生命(生活)状态,只是某种生命(生活)状态的展开形式。《春晓》即是非常典型的生命(生活)状态的展开形式,它所具有的意旨是无法再用别的语言传递的,更不能用某种意识形态语言对其进行曲解、肢解而作"终审判决",就如陶渊明所言:"此中有真意,欲辨已忘言。"那些"真意"本来就"欲辨已忘",那些"意"本来就"不可以言传",现在却硬要"从单一的意识形态角度"去言说,当然就不得其语言三昧了。

---

① 李顺华.孟浩然《春晓》主题臆说[J].宜宾学院学报,2003(4).

② 徐应佩,周溶泉.深识鉴奥 欢然内怿——论古典文学鉴赏的审美意义[J].名作欣赏,1989(2).

③ 鲍颖,曹康.孟浩然《春晓》别解[J].苏州大学学报(哲学社会科学版),2000(4).

其实，对主旨的迷信，是现代才有的事，是现代文章解读政治泛化、道德强渗、科学阉割的结果。在不自觉的政治泛化、道德强渗、科学阉割下，我们品读诗文自然就大大受限了。因此，我们的语文课堂，对作品主旨的教学就几乎成了一个必然且最显著的教学目标。

第二，从知识点的角度解读诗文，以知识点教学取代对语言要义的教学。

基于应试的目的，从知识点角度解读诗文，成了许多语文课堂的常态，对语言本真的掩盖也就成了语文课堂的常态。应当说，这是当今语文教育的又一大悲哀！

仍以《春晓》为例。如果这首诗进入中学的阅读课堂，教师将会围绕"反问""虚实相生"等几个知识点设计出下面四个问题：

（1）最后一句用了什么修辞手法？有什么作用？答：反问。强调了作者惜春的心情。

（2）本诗的写作特点是什么？答：虚实相生。实写听觉（风雨声、啼鸟声），虚写视觉（处处落花），听觉为实，视觉为虚；虚实有机结合，共生春意盎然的诗境。

（3）本诗的写作手法是什么？答：听觉描写和想象。听觉是实境，想象是虚境；虚实相生，春意盎然。

（4）本诗的语言特点是什么？答：平易浅近，自然天成。全诗每一句都明白如话，但句句充满意趣，作者喜春、惜春之情跃然纸上。

试问，通过这样的学习，学生学到了什么？一些教师说，学会了欣赏诗文的方法，因为这四个方面是诗文写作与欣赏的重要方法。另一些教师说，学到了考试的方法，因为这四个知识点都是考试要点。

再问，哪些教师说得对？答曰：都对！这四个方面确实是诗文写作与欣赏的四个方面，它包含了词法、句法、章法及风格；也确实是考试的几个重要知识点。

但我还是要问：这样学习之后，学生对这首经典之作真的懂了吗？学生真的把握了这20个汉字的要义了吗？学生的语言能力真的得到了发展吗？

我的回答是否定的。原因很简单：用以展开教学的四个问题所隐含的四个知识点，是关于诗文写作与欣赏的考试有用的共性知识，教师只是用了《春晓》这首诗来印证这些共性知识，或者说只是说明了《春晓》也拥有这四种可以用来考试的共性知识。这种从知识点出发再回到知识点解读诗文的路子，还谈不上知识本位的教学，它是应试本位的教学。它并不以把握作品的语言要义为目的，并不以发展学生的语言能力为目的，由此也就不能真正获得作品语言的要义，不能真正发展学生的语言能力。

像《春晓》这类从知识点出发再回到知识点解读诗文的教学，在当今语文课堂上非常普遍，可以想见其对所学作品的语言要义有着怎样的深重的遮蔽了！

第三，或浅尝辄止，或偏离文章内容展开教学，根本不关注文章"这一语言"所表达的"这一内容"。

在这样的教学行为中，《春晓》的教学就会将"爱春""惜春"

作为教学的主要内容，而基本上不关注"晓""觉"二字。而"晓""觉"二字才是《春晓》与其他爱春、惜春之作的最大区别。若从把握语言要义的角度看，这样的课堂就丢掉了这首诗最重要的语言教学价值。

而目前这类语文课却比比皆是，概而言之，有两大类：一类是浅尝辄止，习惯性地停留在文章的入口处，不愿或没有能力往里面走。如写春天的作品，被简单类化为"爱春""惜春"或"热爱大自然"的教学；写母亲的作品，被简单类化为"歌颂母爱"的教学；写朋友的作品，被简单类化为"歌颂友情"的教学……另一类是转换教学内容。而这一类又分为两种情况：一种情况是游离或脱离文章语言进行思想道德教育，另一种情况是夹带"私货"。前一种情况是对语文的理解出现了偏差，将语言与思想剥离开来，当然不可能进入语言的深处。如教授《陈情表》，不是在文章语言之河中领会孝情，理解李密两难的生命状态，领悟"陈情"语言所展开的李密的隐秘心理与存在方式，而是离开文章的"这一语言"所叙述的"这一内容"去讲一些所谓感人的"孝感天地"的故事。后一种情况是借语文课堂谋"私利"，哗众取宠。这种情况虽然是少数，但危害极大。

二、语言的三重意义

那么，求解作品语言的正道在哪里呢？我认为，要找到正确的求解之路，先要对语言的意义做一番梳理。

什么是语言？语言学家一直在争论，还没有一个完全为大家所认可的概念。但下面四种说法一般还是为现在的人们所接受的：语言是交流的工具，语言是文化的载体，语言是生理或心理现象，语言是存在的家。这四种说法的先后顺序，恰好体现了人们对语言由浅入深的认知历程。综合各种关于语言的认知，将文章中的语言大致理解为三重意义①：

社会语境中的语言。人生活在社会中，社会环境规约了个体人的语言，也就是说，个体人不可能脱离社会发言。无论这个人有多么强的个性，与社会有多么格格不入的乖戾的言与行，他的语言一定是社会语境中的语言："如果人通过他的语言居于在的宣告和召唤中，那么，我们欧洲人和东方人也许居于完全不同的家中。"②

心理语境中的语言。人生活在社会中，但每个社会中的人又具有自己的独特性，这种独特性使个体相互区别开来。从这个意义上说，每个个体都是自己的唯一。这里所说的心理语境中的语言，就是指每个个体作为自己的唯一而呈现的心理表达，或者说是每个个体作为自己的唯一的特殊显现。如果说社会语境中的语言具有通约性，那么心理语境中的语言则是个体心灵的密码。经典作品，都是这两者的统一。正是这样的统一，构成了经典之作的"独一无二"。

本体语境中的语言。这里的"本体"有两层意思。一层是指语言本身的语音、语调、节奏以及由此构成的语义，这无须多言。

① 裴文.索绪尔：本真状态及其张力［M］.北京：商务印书馆，2003.
② 海德格尔.人，诗意地安居［M］.郜元宝，译.上海：上海远东出版社，2011.

另一层是指"语言是存在的家"。在这个家中，人用语言表达，更被语言表达。人在用语言表达时，说出生之领会与活之经验，显现出如黄河源头般的生命之源的天地恩赐的伟大。人在被语言表达时，就真正进入语言的本真状态，游历于天地之间，逍遥于天府之中，既在万物之中，又在万物之表，与宇宙融为一体。人在这样的存在中被语境化、动态化和生成化，诗意地栖居于大地之上。于是我们看到，"语言不再仅仅是捕鱼的'筌'而是'鱼'本身，语言就是真理和意义。""语言从承载意义的符号变成意义，从传递真理的工具变成真理本身。"①

三、进入语言内部的大道

在认识了语言的三重意义之后，我们便可由此寻找到进入作品语言内部的大道：进入社会语境之中，进入心理语境之中，进入本体语境之中。

1.进入社会语境，理解语言的社会意义

语言的社会意义都是在社会语境中体现的，因此，要理解语言的社会意义，就一定要进入"这一语言"的"这一社会语境"。就具体的诗文而言，"这一语言"的"这一社会语境"就是"这一诗文"所在的时空，即时代与地域及其文化。也就是说，要理解语言的社会意义，就要把握语言的时代性与地域性。

关于这一点，人们似乎也很清楚，但如前所述，因为"迷信

---

① 葛兆光.中国思想史［M］.上海：复旦大学出版社，2001.

从单一的意识形态角度探寻作品主旨，用意识形态立场取代对语言本真的把握"，所以作为语言社会意义的时代性特征常常被遮蔽。

这里要特别强调的是，语言的社会意义是"这一作品语言"所具有的"这一社会意义"，也就是说是"这一作品语言"的"这一具体意义"，绝不是师生在解读过程中随意强加上去的，更不是在解读之前就已经存在于师生的头脑中的。因此，它一定不是"放之四海而皆准"的空泛的概念，而是只有"这一作品"才相契相合的"社会意义"。因此，《孔乙己》中孔乙己念念不忘茴香豆的"茴"字四种写法这一细节，一定是鲁迅作为五四时期人道主义作家对底层小人物"哀其不幸，怒其不争"的社会语言，而不是其他社会语言。

2.进入心理语境，理解语言的心理意义

既然语言是心灵的密码，要理解语言，就应进入言说者的心理语境中。那么人类言说有哪些心理语境？从不同的角度可以发现不同的心理语境。

依据马斯洛人本主义心理学，人的需求心理分为由低到高的五个层次：生理需求（空气、水、食物、健康等），安全需求（安全、稳定、预见性等），爱的需求（爱、友谊、交往等），尊重的需求（能力、地位、承认等），自我实现的需求（创造、贡献、独立等）。从这个角度看，语言的心理语境也可大致分为生理需求、安全需求、爱的需求、尊重的需求、自我实现的需求"五境"。但落实到具体文章之中，这五境又具有重叠性，如栗良平的《一碗阳春面》是第一、第二、第三境的重叠，史铁生的《合欢树》是第三、第四、第五境的重叠,铁凝的《哦,香雪》是第三、第四、第五境的重叠,梁衡的《跨越百年的美丽》是第四、第五境的重叠,毛泽东的《沁园春·长沙》是第四、第五境的重叠。如果教师能较好地把握这些作品言说的心理语境,结合学生的学习实际选准教学点,就一定能较好地进入作品的语言之中。

依据弗洛伊德的文艺观,作品是"经过改装的梦"。尽管人们对潜意识与文学作品的关系有不同的看法,但弗洛伊德的文艺观还是被人们广泛地引入文艺批评之中。应当说,潜意识也是文章语言的心理语境之一。如果能够把握语言的这种心理语境,就可以带领学生走进语言深处。

如《合欢树》的教学,常常被简单类化为"歌颂母爱"的教学。是的,《合欢树》是写母爱的名篇,但若仅仅到"歌颂母爱"之境就停下了脚步,这篇文章是没有真正读懂的。

其实,《合欢树》是史铁生一个长长的"生命梦",在这个长长的"生命梦"中,他因与母亲"合欢"不可得而无限悲伤,但因合欢树的开花而顿悟而走向生命的觉醒。文章就是通过叙述自己这种悲伤生命的觉醒历程而在"梦幻"中实现了与母亲的"合欢"。于是,文中的那个"抖"字,就有极其重要的意义,或者说是那一个"抖"字"抖"出了这篇文章。从某种程度上说,合欢树的遭遇不正有点像"我"的遭遇吗?母亲期待它开花,但母亲没有等到这一天就走了,而它最终没有让母亲失望。合欢树的这种生命力给了"我"极大的心灵震撼,在合欢树的神启下,"我"的生命真正崛起了。崛起之后,"我"拼命地"开花",拼命地思考,终于有了文章最后一段："有一天那个孩子长大了，会想起童年的事，会想起那些晃动的树影儿，会想起他自己的妈妈。他会跑去看看那棵树。但他不会知道那棵树是谁种的，是怎么种的。"这一段是文章的必然归结。史铁生想表达什么？倘若我们读得细一些，从开篇"我"与母亲的斗气，到后来"我"与母亲的对峙，再到后来"我"对母亲的怀念及反省，都去一一地仔细体会，或许就能发现，文章最后这一段是"我"此时此刻最想表达的，或者说是《合欢树》全篇语言之河流淌至此自然形成的语言之湖。在这个语言之湖中，一直激荡着这样的声响：母爱是永远无法被儿女们完全知晓的上天的恩赐，一辈子也无从知晓。这显然不是一般意义上对母爱的歌颂，而是从自己顽强崛起的生命体验出发，在深深的自责中彻悟母爱之所以为母爱的理由。当作者获得这样的生命之理后，那个长长的"生命梦"终于醒了。

3. 进入本体语境，理解语言的本体意义

这里的"本体"，不指向语音、语调、节奏等语言作为语言的构成要素，而是指语言作为人的存在意义。

我认为在"本体语境"中的阅读教学，应当特别引起我们的关注。我们的阅读教学，如果说许多时候因关注语言作为"筌"的意义（如关注主旨、知识点等），大体还在"社会语境"之中，部分在"心理语境"之中，那么，因得"筌"而忘"鱼"，则基本上不在"本体语境"之中。而语言的本体意义是语言意义的最高级别，因此我们的阅读教学理当要引导学生获得这一意义，以实现自身向语言本体意义的转化：摒弃虚假言说，走向真实语境，从而实现生命诗意的语境化！

如《春晓》的教学，我们前面已经分析到，探寻主旨的教学或者是知识点的教学，都丢失了这篇作品语言的本真意义。我们只有从本体语境——作为作家的一种生存方式——中，才能真正发现它的语言本真意义——诗人自然而敏感的生命兴味，"与天地参"、"致虚极，守静笃，万物并作"的生命存在感。而这样的生命兴味和存在感，就是一种诗意生命的存在方式，或者说就是生活的"真理"。当我们被这种生活"真理"所"运载或超度"时，它事实上就已变成了"整个族类、全人类的声音一齐在我们心中回响"（荣格语），成了对"整个族类、全人类"存在方式的历史回望与现实召唤。再如《合欢树》的教学，我们只有将其引入"本体语境"中来展开，才能真正理解《合欢树》的写作对史铁生的生命完满的意义——终于懂得了母爱是永远无法完全知晓的上天恩赐这一母爱道理，尽管不能完全知晓母亲对自己有多少恩赐；从此，史铁生的生命真正觉醒，他一往无前、无所畏惧地将写作变成了对"整个族类、全人类"存在方式的历史回望与现实召唤，由此史铁生真正成为作家史铁生。在这样的阅读中，我们也被作品所召唤，就会因眼前伫立起一个极其崇高的超现实的幻象而突然间彻悟。再如《变形记》的教学，我们只有将作品理解为卡夫卡及其代表的人类的某种存在方式，才可能真正进入作品之中，否则我们就只是"隔岸观'虫'"者。如果只是一种"隔岸"的姿态，我们永远抵达不了语言的腹地。

怎样进入作品语言的内部，这是一个宏大的话题。我只是从作品语言的真实"语境"的角度就当前的阅读教学怎样摆脱错误的求解之路做一点思考。在此我要特别说明两点：

第一，作品的"社会语境""心理语境""本体语境"并不是独立存在的，而是统一的，可以有所侧重。

第二，不能一说进入语言的内部就想到词语，甚至只想到关键词语。词语，甚至句子、段落，都有可能让我们停下进入作品语言内部的脚步。阅读就像游历山川，我们只有将每一处美景摄入心底，再在心底将其进行融会贯通，才可能抵达某一山川的内部。阅读教学中，我们只有将词语、句子、段落融会贯通，才可能真正抵达语言的内部。阅读，要有词，也要有句、有段，更要有篇章。金圣叹说，"一部《西厢记》只是一章"，又说，"《西厢记》其实只是一字"，还说，"《西厢记》是此一'无'字"。禅师德山缘密说："但参活句，莫参死句。"其理均在于此。

整本书阅读的
四条注意事项

一、"整本书阅读"要有"时间概念"

什么是"整本书阅读"的"时间概念"？就是完整地读某本书用多少时间。

用一小时读一本书，那叫快翻；用一个晚上读一本书，那叫浏览；用一周读一本书，那叫粗读；用一个月读一本书，那叫较细地读；用半年读一本书，那叫细读；用一年读一本书，那叫精读；用几年读一本书，那叫深究、玩味；用一辈子读一本书，那叫参悟。

读《乡土中国》需要多长时间？可以一小时，可以一个晚上，可以一周，可以一个月，可以半年，可以一年，但不用一辈子。一辈子才能参悟，甚至几辈子才能参悟的书，是《红楼梦》，不是《乡土中国》。

有了"时间概念"，才会有合理的阅读目标的落实。比如高一的学生读《乡土中国》，有"一周"的时间，才能落实"了解大概"的阅读目标；有"一个月"的时间，才能在"了解大概"的基础上落实"每篇主要分析了'乡土中国'哪个特征？每个特征作者又是怎样凸显出来的？"的阅读目标；有了"两个月"的时间，才能落实"如果用一条线索贯穿整本书，你用哪条线索？并写出贯穿每篇的核心点"的阅读目标；有了"三个月"的时间，才能落实"结合当下中国社会的生活实例，说明《乡土中国》所分析的'乡土中国'的一些特征在今天中国的情状"这样的阅读目标。

一言以蔽之，没有"时间概念"的"整本书阅读"，是无法将阅读目标落在实处的。因此，我认为，不讲"时间"的"整本书阅读"，是虚空的。

十多年来，我们提倡学生读完《论语》《美的历程》《中国哲学简史》《苏菲的世界》《人类群星闪耀时》《巴黎圣母院》《复活》等，选读两部外国经典诗歌；部分学生读完《诗经》《庄子》《变形记》《城堡》等。其中《论语》我们安排了两年半的时间，其他基本上是一个学期。

二、"整本书阅读"重在"整"字

"整本书阅读"重在"整"字。可从"整体""整理""整合"三个方面来看。

"整体"，就是完整而不碎细。起码，要从头至尾读完一遍吧，否则怎么叫"整本书阅读"呢？起码，有一个探究的问题是能够"贯穿"全书的吧，否则都是一些局部问题，怎么叫"整本书阅读"呢？起码，要有一个来回吧，就是说顺着读了一遍，然后还要有一次"回顾"。

"整理"，就是将阅读过程中产生的"纷乱"条理化、系统化。阅读会诱发冲动、情绪、情感、感想等，而这些冲动、情绪、情感、感想等有顺有逆，有内有外，有细有粗，有碎有整，我们有时会随手记下这些，有时也会形成旁注旁批。读了一章或几章，或读完一遍，就有必要对之前产生的这些"纷乱"的"收获"进行梳理，理出线索，形成较有理性的读书笔记。

"整合"，就是在"整理"基础上的进一步的"研究"。这里的"合"又有两个方面的意思：一方面是之前理出的多条线索的"汇合"，就像多条支流汇合成一条大河一样；另一方面是读者与作者的"融合"，因为"汇合"不是简单的"相加"，一定是读者对读书笔记的重整，这就有了更深层的思考，就有了读者与作者的深度融合。

我认为，"整合"是"整本书阅读"的重中之重。

我们提倡学生用两年半的时间读完《论语》，每个学期都写读书笔记，第一学期是读《论语》前四篇的读书笔记，第二学期是读《论语》前八篇的读书笔记，第三学期是读《论语》前十二篇的读书笔记……这样就有了一个不断"整理""整合"的过程，就构成了阅读的不断生长的过程。

三、"整本书阅读"关键在"通"字

从语文教育改革的背景来看，很显然，"整本书阅读"是相对于"单篇"阅读的不足、缺陷而提出的一种阅读教育策略。

几十年来逐步形成的"单篇"阅读教育模式,最大的不足是什么?是只见树木,不见森林。尤其是应试教育影响下的以"课课练"为基本操作模式的"单篇"教育,连一棵完整的树都没有了,只有枝枝叶叶。

这样的以应试为目的的"单篇"教育,究其本质,是工具理性控制的产物。它使得语文教育的综合性、关联性、开放性丧失殆尽,从而也失去了语文教育的创造性意义。

而"整本书阅读"(也包括"单元阅读"以及"任务群")就是要使语文教育的综合性、关联性、开放性及创造性的特质得到彰显。

怎样彰显?我认为关键是要落实一个"通"字——从一点通到点点通,从点点通到一通百通,走向通达的阅读境界。

像《乡土中国》的阅读,我们可以找到许多"点"去打通走进"乡土中国"之路。

"乡土"二字是修饰"中国"的,也就是说"中国"的特征是"乡土"。因此,何为"乡"?何为"土"?何为"乡土"?此"乡土"与当下说的"乡土"有何不同?此"乡土"与当下的"中国"有怎样的关联?此"乡土"与当下的"中国"的"我"有何内在的关联?……每一个问题都是一个"点",或者说每一个"点"都是一个问题。这一系列的"点",或者说这一系列的问题,都是关联在一起的。我们从这些点中的任何一个点中走进去,都是可以"点""点""联通"的。

"差序"是《乡土中国》的核心概念之一。何为"差"?何为

"序"？何为"差序"？"差序"在"乡土中国"是怎样体现的？"差序"在"现代中国"有怎样的体现？今天我们该如何看待"乡土中国"的"差序"，"乡土中国"的"差序"对"现代中国"和谐社会的构建有怎样的意义？……我们从这些点中的任何一个点中走进去，也都是可以"点""点""联通"的。

再如《红楼梦》，因它如生活一样丰富、广阔、深厚，每一章都具有生活的全息性，所以我们从任何一回走进去，都可以走进"红楼梦"的深处。

假如从"香菱学诗"这个地方进去，抓住"诗性"这个点，我们就能用"诗性"打通《红楼梦》八十回甚至一百二十回。"香菱学诗"的必然性，林黛玉为什么一定是"诗魁"，"男儿"为什么是"泥做"的，《红楼梦》中诗词的文本意义，作者曹雪芹诗性观的典型意义，中国文化史中的诗性价值，中华文明中的诗性特质……这些点"关联"在一起，让我们至少在"诗性"这个点上获得"通透"感，明白"诗"与"诗性"为什么一直在引导人们从凡俗走向高贵。

假如从"宝玉挨打"这个地方进去，抓住"挨打"这个点，我们也能用"挨打"打通《红楼梦》。"宝玉挨打"的必然性，"宝玉挨打"事件一系列连锁反应的必然性，这两个必然性后面的人物及其心理，这些人物及其心理的形成机制，这种机制显现出来的文化逻辑，这种文化逻辑在"大观园"中的体现，这种体现与生活的整体性关系……这些点"关联"在一起，让我们至少在"挨打"这个点上获得"通透"感，理解生活中"挨打"的必然与或然，理解自我生活中的被动与主动等。

一部经典，由许多经典元素构成，其中的任何一个元素，都可以"打通"整部经典。书写的内容，书写的方式，书写的风格，任何一方面的任何一点，都有牵一发而动全身之功。

四、将"整本书"拆成"单篇"来读，或用原先读"单篇"的方式读"整本书"，都不是"整本书阅读"

这两年观察过一些"整本书阅读"展示课，一直没有看到想象中的那种"整本书阅读"课。有的是将"整本书"拆成"单篇"来读，有的是用原先那种"只见树木，不见森林"的读"单篇"的方式读"整本书"。我认为这两种方式，都不是"整本书阅读"。

如何开展整本书阅读
——以《乡土中国》为例

高中《语文》必修上"整本书阅读"单元，阅读的是《乡土中国》。老师们都在探讨怎么带领同学研读《乡土中国》。我在教学实践中主要围绕"乡土"和"差序"两个概念打通整本书。关于《乡土中国》整本书阅读，我有三点新的想法：

（1）教材将《乡土中国》研读安排在第五单元，前一单元即第四单元是关于"家乡文化生活"的综合实践活动。教材这样编排很有道理，体现了由"我"及"人"、由"浅近"入"深远"、由"局部"到"整体"的原则。我们遵循了这一原则，在扎实地进行了关于"家乡文化生活"综合实践活动之后，才展开《乡土中国》课堂研读。这样的安排顺序，可以将两个单元打通，前呼后应，效果更好。

（2）《乡土中国》基本上是现象描述，需要引导同学发现现象背后的因由，揭示"乡土中国"之所以为"乡土中国"的道理，同学才会真正有所悟。这当然不可能在两周时间里完成，它必须延续到整个高中阶段的学习中。此时的学习一定要打下这样的基础，理出一些头绪与几条线索，以便在后面的学习中不断延展与深化。

（3）"生命体验与文化贯通相融相生"是研读时的重要方略。要回到生活中，回到同学个体的生活中，回到同学的"家乡文化生活"中，回到不同"家乡文化生活"的同与异中，回到当下"家乡文化生活"与古人"家乡文化生活"的对接中。这样"回到"之后，再抽身出来，自照与反观，才会对"乡土中国"有真正"切己"的体察、思考、理解。而这样的体察、思考、理解，正是产生生命觉醒的重要条件，也是教育极其重要的意义所在。

本文主要阐释一下"乡"的内涵与意蕴。

上面是"鄉"（简体为"乡"）的甲骨文。左右两边就像是两个相向而坐、张着嘴巴的人；中间的部分是食物。合在一起表示主宾隔着餐桌的食物相向而坐，一同进餐，主人宴请宾客。

这里的"主人"是谁呢？开始是指同一氏族的长老。我们知道，姓、氏、族，都显示了一个人的生命信息：早期的"姓"显示生身母亲的近景信息，后来慢慢转为显示父亲的近景信息；"氏"显示宗族历史渊源的远景信息；"族"显示在同一旗号下行猎、作战的同宗同姓的群落信息。

到周代后，宴请的"主人"则指"德厚"者，即一乡之中最德高望重的人。通过阅读《礼记·乡饮酒义》中的记载，即可知这个"主人"的地位了："乡人、士、君子，尊于房户之间，宾主共之也。"大意是：乡大夫、州长、党正以及卿大夫，将酒樽（杯）放在东房门和室门之间，这是宾主共用的地方。由此可以看出，"主人"的宾客是"乡大夫、州长、党正以及卿大夫"。

那么"乡"有多大呢？《周礼》中提到，五家为比，五比为闾，四闾为族，五族为党，五党为州，五州为乡。对此，东汉郑玄解释说，万二千五百家为一乡。《广雅》中说，"十邑为乡，是三千六百家为一乡"。《初学记》中说，"古者二十亩为井，因井为市"。

综上，在古代中国：

（1）"乡"大于"州"，大于"党"，大于"族"。后来"乡党"并称，取其概义。

（2）"乡"大于"城邑"，更大于"市"。

（3）"乡"并不是和"城"相对的概念。古代的"城"或"市"没有资格与"乡"相待。"城"或"市"是融于"乡"之中的。

因此，进入现代城市文化之前，在中国乡土文化逻辑中，"城"只是走出家乡的人的暂时寄居地。无论在外做了多大的事业，人最终都要"还乡"。贺知章的诗句"少小离家老大回"背后体现的正是这种文化逻辑。成语"衣锦还乡"也是在表达于这样的文化逻辑中的生命逻辑。

于是，我们多多少少也能理解"落叶归根"，人们若终老他乡，也一定要"葬"回到自己家乡去。我们更能理解，汉族"土葬"的深层原因：来自乡土，回归乡土。

我们翻阅古人的历史，所有的人物，都有一个"祖籍"。这个"祖籍"就是一个人最初的"乡土"。今天我们登记自己的身份信息时,依然保留"籍贯"一栏,即来于此。

我们至今还常常能听到"同乡会"这个名词,并且有不同级别——县级、市级、省级等。"同乡会"中"乡"字的意思,大概是最接近古代"乡"字的意思了。

有了以上背景信息,我们大概能理解:"乡土中国"这个名称中,"乡土"与"中国"可以看作"同位语":"乡土"即"中国","中国"即"乡土"。套用《诗经》中的诗句"溥天之下,莫非王土;率土之滨,莫非王臣",也可以说:"溥天之下,莫非乡土;率土之滨,莫非乡人。"

"乡土中国"与"现代中国"是两个差别极大的"中国"概念,并且这种极大的差别是方方面面的。从当下的生活情境来看,在诸多极大的差别中,生命之"缘"的差别,也许可以让我们窥到其间最重要、最丰富的生存消息——"乡土中国"生存在"血缘""亲缘""地缘"中,而"现代中国"生存在"业缘"中。"乡土中国"因为生存在"血缘""亲缘""地缘"中,所以每个生命最终回归"乡土";"现代中国"因为生存在"业缘"中,所以每个生命最终走向"业有所值"的"估值"中。"乡土"是安定的,"乡土中国"的子民终归安详;"估值"则是未定的,"现代中国"的公民一生不定。

在我看来,近些年的热词"乡愁",并非"现代中国"公民关于"中国"真实情感的投射,因为从本质上说,真正的"乡愁"是属于"乡土中国"的,与"现代中国"关联不大。

费翔的歌曲《故乡的云》曾在 20 世纪 80 年代中期风靡华夏，这也许是"乡土中国"的"乡愁"的最后的亮丽风景线。

天边飘过故乡的云

它不停地向我召唤

当身边的微风轻轻吹起

有个声音在对我呼唤

归来吧

归来哟

浪迹天涯的游子

归来吧

归来哟

别再四处漂泊

踏着沉重的脚步

归乡路是那么的漫长

当身边的微风轻轻吹起

吹来故乡泥土的芬芳

归来吧

归来哟

浪迹天涯的游子

归来吧

归来哟

我已厌倦漂泊

我已是满怀疲惫

眼里是酸楚的泪

那故乡的风

和故乡的云

为我抹去创痕

我曾经豪情万丈

归来却空空的行囊

那故乡的风

和故乡的云

为我抚平创伤

　　当我们都自觉或不自觉地相信"城市，让生活更美好"（2010年上海世博会主题）时，当我们自觉或不自觉地在城市化进程中大步前行时，"乡土"的情与义可能也会被淡化；"乡"除了某种象征意味，也将逐步从我们的语言中隐去。

作文教学中值得关注的
三种写作

要写好文章，我们先要"正解"文章，把心交给文章，吐露真情，述说真实，论证真理。这样，不仅会写出一手好文章，而且在表达自我生命意念的过程中，会不断促进自我生命的成长。为了在作文教学中实现这种写作目标，我特别关注以下三种写作。

一、单元贯通写作

所谓单元贯通写作，就是教师（有时也可以是学生）从课本的单元文本（根据需要可适当补充文本）中抽绎出切合学生现阶段生命发展需要的思想（文化）主题，作为单元贯通写作的主题（也可直接作为题目）；然后，学生以单元文本为主要材料，适度延伸到单元之外，写一篇 2000 字左右的读书笔记。

如（沪版）高中语文每册课本有 6 个单元，6 册课本有 36 个单元；每个单元提炼一个主题，就有 36 个主题。如果把 36 个主题放在一起来看，就会发现它们几乎涵盖了人生的方方面面。这36个主题基本上能满足一个高中生的语文成长要求。如高一年级两册课本12个单元，我们可以依次拟定12个写作主题——第一册："美丽的生命""那些无从知晓的上天恩赐""有多少'常春藤叶'""诗人梦""'我'之追求""小说中国"；第二册："'小人物'与'大节'""'大人物'与细节""理想的旗帜""变形、异化及其他""亭台中国""峻伟的人格"。

单元贯通写作从材料选择、贯通过程等方面对学生的学习提出了全新的要求。每次写作都要根据主题重新审视学习过的课文，选取能论证、说明这一主题的材料，并补充课外材料。在行文时，要根据观点与材料的关系，重新安排先后顺序，处理详略，既注重材料的引用，还注重对材料的阐释。

这样的学习，是知识储备与技能提升、感性激荡与理性导引紧密结合的学习，具有过程性、可操作性。实践证明，经过几年的这种单元贯通写作的训练，学生不仅会有丰厚的文化沉淀，有丰厚的思想、情感沉淀，而且逻辑思维力会得到很大的提升，从而逐步形成对感性世界的抽象能力、对芜杂世界的整合能力，对多变世界的方向把握能力。

二、随笔写作

在写作教学中，"随笔"因为这个"随"字，没有对学生提什么要求。大多数学生都写得太随意，想怎么做就怎么做。这其实对于提升写作质量的帮助非常有限。鉴于此，多年来我建议学生每周从三个方面选择写作内容："心情随笔""现实关注""读书笔记"。每周至少写两个方面的内容。

"心情随笔"是"生命意念"的随时表达，怎么想就怎么写，具有非常强的"自我"性；"现实关注"是引导学生生活在当下，生活在时代中，生活在"大家"中，具有社会性；"读书笔记"是记录自己读书的感悟、启发与思考，可以是摘抄，可以是点评，它集吸收他者与释放自我于一体。如果学生用心的话，一学期写下来后，再回头翻检，将会发现自己曲折前行的生命轨迹，喜悦、困惑、省悟、祈愿……成长的酸甜苦辣，一并呈现。

三、课堂写作

课堂写作教学历来都很关注作文方法与技巧。方法与技巧固然重要，但若仅关注方法与技巧就适得其反了。因此，我在关注方法和技巧的同时，更关注作文与学生生命成长的关系。每一个学生在成长过程中都会有困惑，会有"遮蔽"。作文就是要与这两个问题连在一起，帮助学生解除困惑，掀开遮蔽。解除困惑，可以大胆向前走；掀开遮蔽，眼睛就会闪亮，心灵就会明朗，所谓心明眼亮是也。

以高中三年为例，我历年在高一课堂作文中设有一个传统题目："九月×日这天"。每届高一新生入学，第一周我总会请学生写这个题目。不是九月一日，不是九月十日，不是国庆节，不是中秋节，什么特殊的日子都不是。学生拿着这个题目会感受到很强的冲击力，因为惯常的思路与想法在这个题目面前失效了。它需要学生从一个平常的日子中发现自己生活的印记。其实这个题目就是在提醒学生进入高中后,需要我们重新审视许多东西。十五年的生活,学生已经被"遮蔽"了许多,因此不仅要将其掀开,还要时时保持警惕,不被重新遮蔽了。

进入高一第二学期后,学生对"自由"的渴望会非常强烈,我大概会在这时及以后一段时间请他们写一两次与"自由"有关的作文。这一类型的课堂作文题目有许多,如材料作文"车轮与方向盘的对话""个性张扬与人性失落",如命题作文"红绿灯的启示""论人生的自由状态",如话题作文"限制""责任"等。当写过一两次这方面的作文后,学生对"自由"会有一些新的认识,对"限制"自己的种种现实会有一种新思考。特别是作文讲评后,有些学生在"自由"这个话题下会形成比较成熟的思想,也会走出人生的第一个大的逆反期。

进入高三后,学生的心态与高一高二相比又有了很大的变化。身上承受的压力更大了,生活的幸福感没有先前那么强烈而丰富了。因此,我也会在适当的时候请学生写一两次相关的作文,以化解压力,重拾幸福。如2011年,我出过这样一道课堂作文题——请阅读"幸福的碎片"材料后作文:幸福是一个玻璃球,上帝将其摔碎后撒落在各个角落,有人拾得多一些,有人拾得少一些。通过写作与讲评,学生们的心情安定了许多。

人生的困惑与遮蔽有许许多多,在某个时间节点上解决这些问题,对学生的成长大有裨益。如果他们的作文一直能与这些问题的解决紧密相连,就能达到多个目标:永远有话可说;

真正使作文与自己的生活、自己的成长紧密相连，成为自己成长的真实记录；在这样（长达几年）的真情投入中，逐步习得各种各样的"表达形式"，习得作文之法，让作文成为实实在在的"生命意念"的表达。

多年的教学实践证明，上述三个方面都认真对待的学生，不仅作文能达到较高的水平，而且在欣赏作品、思考现实、把握人生、贡献社会方面都会有不错的表现。我认为，主要是单元贯通写作、随笔写作、课堂写作从四个方向——阅读书本、阅读生活、体验人生、思考人生——给了学生综合性的影响。这三个方面、四个方向相互影响，相互激发，相得益彰，使学生获得"贯通文化享受，体验生命快乐"的读书、作文真谛。

我曾大体上按三年写作的先后顺序，将复旦附中 2008 届学生写过的大部分作文题归纳如下（画横线处为命题或话题或主题）：

我们"穿行在汉字中"，写下"九月九日这天"的故事，"面对真实"，高声呼唤："哦，语文！"然后欣赏"这边风景独好"。

我们以穿越时空的"眼力"，遥望六千年的"象形文字"；以"聆听""自我与他者"声音的姿态，感受可歌可泣的"典型"，写下"向他们致敬"的"心语"；以"怀想""天空"的心情，寻找"熟悉的地方"的迷人"风景"。

我们以"我与世界"为话题，一路谱写"中国制造"的赞歌。

我们以"素面朝天"为大美，一层层卸去心灵上厚重的油彩，一张张剥离"玛丽娅们"的画皮。

我们以"生无所息"为警示，在"错误让我如此美丽"的惊叹中，猛然发现"原来这就是我"，而后以更坚实的步履，去获取那张"最宝贵的"人生"通行证"！

我们"与命运做朋友"，忍受"寂寞"与"虚伪"的"炒作"，细心地记下"黑白启示录"，记下"红绿灯的启示"，并"于无声处"感受"语言的演变""解读流行元素"，拾捡"幸福的碎片"，享受美丽的"唐诗与中餐"。

我们感受！我们思考！我们惊醒！我们成长！终于，"吹尽狂沙始到金"，在"蜕变"中我们自信地写下"我的'行事'名言"：路曼曼其修远兮，吾将上下而求索！

读书、作文应当是美的事业，是幸福的事业。如果我的这篇文章能对学生发展"美"与"幸福"的事业有一点点帮助，这就是我的幸福了。

如何进行写作教育

一、引导生命体验与表达是中小学写作教育的重要途径

文章的本质特征是什么？语文界一直将文章理解为独立成篇的、有组织的文字，这实际上主要是从文章形式——篇章体式及其组织结构的角度解释文章。这一解释大体自刘勰所述而来，即"因字而生句，积句而为章，积章而成篇"。我认为，这一影响深远的文章定义，对文章的解释是片面的。这种解释直接导致了中小学写作教学长期片面地从文章形式的角度用力。这也就可以很好地理解，为什么有人宣称只要按照他所设计的多少个作文训练点训练，学生就能掌握各类作文之法；还有人自诩他设计的作文多少个台阶可以引领学生登堂入室。而事实上，这些辅导书多数都是按审题、立意、选材、结章、修改等部分展开，每一部分又从方法角度设立二级内容，每一方法下面又按不同方法分设若干三级训练点。

那么，何为文章？

我认为，不仅要从形式上去理解，更要从内容的角度去理解。如果关注内容，则可以说文章是作者生命的转化，是一个生命体的某种欲念、情趣、意志等的表达，它带着作者可感可触的体温，影响着作者或舒缓或急促的呼吸与心跳，展现着作者非常个人化的爱好与趣味……个体人生独特的酸甜苦辣、哭笑悲喜、爱恨情仇尽在文章之中显现。所以，美学家宗白华先生说，"艺术为生命的表现"。清人叶燮认为，诗中表现的"事""情""理"三种内容，全部紧贴诗人本身的人生，"事"反映诗人多种多样的生活经历和人际遭遇，"情"淋漓尽致地表现诗人各式各样的人生欲念和人生感慨，"理"述说诗人不尽相同的人生概念和人生哲学。其实，无论是诗人、散文家、小说家、戏剧家，还是一般的作者，他们作品中所述的"事""情""理"，都是作者对自我生命体验的开掘与把握。

正是这种开掘和把握，使得文章有了作者个体生命的独特性。从"路曼曼其修远兮，吾将上下而求索"和"信而见疑，忠而被谤"中，我们读懂了屈原；从"究天人之际，通古今之变，成一家之言"中，我们认识了司马迁；从"采菊东篱下，悠然见南山"中，我们理解了陶渊明；从"今宵酒醒何处，杨柳岸，晓风残月"中，我们感喟柳三变……

如果将形式与内容统一起来理解，我们可以给文章一个这样的定义：文章是借助特定的形式表达作者生命意念的独立成篇的文字，经典文本都是内容与形式高度统一的个性化文本。

从这样的文章定义出发，我们也就可以给中小学生的作文下一个定义：作文是学生自我生命的表达，是学生表达自我生命存在的一种方式，是学生表达的对世界的发现（发现的自我与他者），是学生介入生活时表达的对生活的见解（对社会与生活的认识，对他者与自我的认识，包括自我的缺点、缺陷）。

从这样的定义出发，我们就应当说，生命体验与表达是中小学写作教学的重要途径。通过引导学生的生命体验与表达，解开他们成长过程中的一个又一个情感纠结，解决他们成长过程中的一个又一个思想困惑，获得一次次生命之悟，逐步成长为具有文化表现力的文化生命体，并助推他们形成坚忍不拔的毅力、善感深思的智性以及执守求实的理性精神。这样，中小学写作教育就完成了它的使命。

鉴于对写作教育的这些理解与实践，我将自己的写作教育概述为"一次作文，一个生日"，就是彰显写作教育推动学生人格养育、精神成长与生命发展的教育理念：每一个题目的写作都引导写作者实现一次生命的跨越，获得一次新生；一次一次的作文，就是一次一次的新生。

二、写作教育具有鲜明的"过程性"特征

在写作教育中，"过程性"与学生的人格教育、精神成长等有着极其密切的关系。但在当前，写作教育功利化现象严重，其表现是"过程性"被忽略。而学生要写出好的文章，教师要完成写作教育并实现写作教育的意义，必须关注"过程"，落实"过程"，

让做好"过程"成为实现写作教育意义的第一方略，使写作教育呈现鲜明的"过程性"特征。

写作教育有怎样的"过程性"特征呢？

我们知道，"过程"就是走过的路程；"过程性"就是说具有过程特征。其奥秘就是：关注过程，结果自来。关注过程，即走好每一步；结果自来，即自然抵达目的地。写作教育的过程性有如下几个特质：

第一，清晰。学生从进校的第一次作文，到毕业考试作文，小学、初中、高中的全部写作构筑成一条清晰的、不断向前延伸的路线，每一次写作就是前行的一次脚步。因此，从严格意义上说，每一次写作都是不可或缺的，都是写作者推动自己前进的自动力。也就是说，每次写作对写作者来说，都具有推动自己生命成长、发展的必然意义。最显性的表现就是写作者推动自己的作文水平不断提升，最终收获良好的"过程性"结果。

第二，有序。"有序"是"清晰"的保证。"过程性"特别强调 1+1+1+1……：强调每个"1"的必然意义和所有"1"的累加效果。因此，严格地说，从第一次作文到毕业考试作文，每次写作所构成的写作顺序具有必然性，每次写作的顺序是不可变更的：每个"1"都在"此时"（学生写作时）具有最高写作价值，具有最佳写作效果。这样的一次一次具有最佳写作时效的写作不断累加，就体现出了写作的有序性。

第三，适切。"适切"是"有序"的保证。"过程性"强调每一次写作都切合学生的学习实际，即符合学生学习成长的内在需求。如我所在的复旦附中写作教学的三个系列（即单元贯通写作、随笔写作、课堂写作）中，课堂写作和随笔写作是动态写作，即根据学生精神成长过程的需要设题；单元贯通写作是相对的静态写作，即根据单元学习进度设题。因此，每届学生在课堂写作和随笔写作上的写作题目变化很大，相同题目极少；单元贯通写作题目虽然每届学生大体一致，但因为与课本单元学习进度保持一致，静态的写作题目实际上有了动态的某些特征。这样，动态写作与静态写作结合，就形成了过程性写作的适切性特征。

三、写作教育过程是将言语之"术"融于育人之"道"的整体性生成过程

本文所述的写作教育过程不是按"记叙文→说明文→议论文"的教学过程，不是按"审题→选材→结章→修改"的教学过程，也不是按"描写方式→叙述方式→抒情方式"的教学过程，因为这样的"过程"只从写作形式的角度出发，以关注"点"（每次作文训练的写作技能点）上的"结果"为目标。

在传统的课程观中，"点"上的"结果"是非常重要的，甚至是最重要的。如写作教学有这样一个流程：老师从文章写作技能的角度按系列设计在某个"节点"上布置一个作文题目→学生据此写成一篇文章交给老师→老师主要依据写作技能点的达成度，或详或略地进行评价。在这个流程中，有的老师可能在学生动笔之前有一定的指导，在批改之后有讲评。这看起来也有一个过程，但这个过程只是教师完成某一作文技能教学任务的一个基本的、

必要的程序，并不是关注写作教育作为语文教育的育人意义的整体性而生成的"过程性"的自觉追求。对教师而言，这是以知识为本的灌输式教育的典型表现；对学生而言，这是被动接受知识的接受型学习的典型表现。在这一过程中，无论是老师还是学生，最看重的还是学生写作中呈现的"这次作文"本身对写作知识理解与运用的质量。这种教学的深层教育理念，是"把学生当作知识的容器与学习的工具"，"把学生当作完成老师布置的知识点学习任务的工具"。

而如果是关注写作教育"过程性"，就产生了这样一个自觉的过程：勾画小学、初中、高中语文教育的整体构想，明白写作教育在整个语文教育中的地位→每个年级分别要完成什么样的写作教育任务→每个学期要实现怎样的写作教育目标→每篇作文在整个写作教育过程中的意义→学生写作此篇作文表现了怎样的作文潜能、出现了哪些困难、具有怎样的发展可能→据此篇作文表现的种种情况，然后设计（或执行原计划，或修订原计划）后面的写作教育行为。

在这一过程中，每次作文虽也被视为整个写作教育中的一个点，但它关注的绝不只是从写作形式的角度设计的"点"（每次作文训练的写作技能点）上的训练"结果"，而是从将言语之"术"融于育人之"道"的整体性生成的角度，由一个点一个点连接起来的整个过程的有序性、完整性、实在性；不只是学生每次作文表现出来的写作技能运用得熟练与否，而是学生每次作文表现出来的情感向度、思想高度、思维精度所显示的可持续发展的写作教育启示；不只是教师自己对学生作文给出的静态的分数或等第，而是学生作文表现出来的可供教师设计或修订教育策略分析（或参考）的动态的教育资源。

因此，教师对学生的情感、态度、价值观的关注成了教育的生长点，学生个体的人格形成、精神发展成了教学的旨归；学生参与整个写作过程的热度、深度以及完整度，学生表现出来的情感向度与思想高度以及用何种形式来表现这种情感向度与思想高度，成了教学研究最为用力的地方。这就要求教师把握学生的思想脉搏，理解学生作文的现实需要，认识学生作文的潜在需要，渗透学生作文的终身需要，将当下激励与长远谋划深层次地结合起来，使学生带着持久的热情参与到这个学习过程之中；要求教师的教学设计从学生精神成长的现实性与可能性出发，将必要的写作技巧训练有机地融入引导情感向度、抵达思想深度、提升思维力度与写作高度的学习过程中。这样，就尤其要求教师的教学设计能关注学生的精神困惑，尽可能地找到能触及他们灵魂深处的作文生发点，激发他们的表达欲望，引导他们尽可能地做深层次的思考，不露痕迹地把他们作文成长中需要的写作技能巧妙地融入其中。

所以，我对高中三年的写作教育设计注重整体性目标规划：高一主要引导学生表达生命"存在"与"发现"，少量表达"见解"，写作技能训练以叙述、描写为主，议论为辅；高二主要引导学生在表达生命"存在"与"发现"的基础上表达"见解"，写作技能训练以议论为主，以叙述、描写为辅；高三引导学生立足时代，思考现实，反思自我，形成比较成熟的看世界的方法——"一分为三"，写作技能训练以结章和恰当运用写作手法为主。通过这样三个各有侧重又有内在关联（由感性到理性的螺旋式上升）的阶段，将写作技能训练融于写作内容开掘之中，将言语之"术"融于育人之"道"的整体生成之中。同时，又根据每届学生包括生活认知、写作心理、文化理解与思想纠结的差异，设计出差异化的写作题目。不同届别学生的课堂写作我只保留 3～5 个相同或相似的题目，其他题目都紧贴不同届别学生的实际写作需要，随写作进程发展而生成。

对学生来说，在这样一个"马拉松"式的写作学习过程中，他们会很自然地获得良好的写作学习的结果，不仅能较好地应对各种考试，更重要的是可逐步习得成长所需的情感力、思想力、文化表现力，最重要的是其坚忍不拔的毅力、善感深思的智性以及执守求实的理性精神都将得到良好的养育。我将这看作一个良好的"过程性"结果。

由此也不难看出，这种关注作文内容的"过程性"写作教育，是关注学生"人格养育"与"精神成长"的教育，是满足学生生命成长与写作成长的内在需要的教育，所以具有前瞻性、诱导性、启发性和实在性，其深层的教育理念是"把学生当作人"，"把学生当作成长中的人"，因而是真正以学生的发展为本的教育。

这样的写作教育过程，概而言之，就是发现自我存在→唤醒生命良知→发展精神纬度→彰显生命价值（"止于至善"）。这个过程是由己及人、由人及物、由近及远、由低到高、由感性到理性的精神成长过程。

第三篇

复旦附中的语文教学实践

用四条线索构建
"诗意语文时空"

我自 2006 年担任复旦附中语文教研组组长开始，旋即构建由四条线索交合融会的复旦附中语文教育体系，至今已十多年了。

第一条："单元贯通教学"线索。

这条线以国家教材《语文》（沪版）为主线展开，贯穿高中学段 3 年。在这条线上，与《语文》单元展开同步，每单元融会 2 ～ 3 篇与单元主题相近的、我们认为当下学生特别应当学习的中外"好文章"。这些"好文章"与《语文》单元共构而成"单元贯通教学"的主体内容。（这个"单元贯通教学"与当下流行的大单元、大主题、大情境教学是一致的）

第二条："中华古诗文阅读"线索。

这条线后来编辑成《中华古诗文阅读》6 册，由上海教育出版社于 2015 年出版。《中华古诗文阅读》以《论语》和《古文观止》为核心展开，融会《诗经》《楚辞》《孟子》《荀子》《礼记》《老子》

《庄子》《墨子》《韩非子》《吕氏春秋》《左传》《战国策》《诗品》《文心雕龙》14 种古代经典,除《文心雕龙》选入 12 篇分为 6 个单元外,其他 13 种每种 1 个单元。其间,再融入"古诗词鉴赏"和"谈诗论文"各 6 个单元。这一线索上的成果,构成了复旦附中 2014 年基础教育类国家级教学成果奖一等奖——《阅读"中国人"书写"中国人"——彰显语文教育人文性的实践研究》的主体内容。

第三条:"过程写作"线索。

这条线由单元贯通写作、随笔写作(心情随笔、读书笔记、现实关注)和课堂写作构成。这一线索上的成果,构成了复旦附中 2017 年上海市教学成果奖(基础教育)一等奖——《一次作文一次成长——以精神发展为线索的"过程写作"实践研究》的主体内容。

第四条:教师自主线索。

每位教师都是有智慧的,都有自己的阅读与写作特征,都有自己独特的教育理解。因此,每位教师在融合"单元贯通教学"线索、"中华古诗文阅读"线索、"过程写作"线索展开三年教学时,均有很大的"教育自主权",他们确实也都做得非常好。如胡凌老师担任备课组长的年级,对单元贯通写作的投入就很见功夫,她自己的班级则做得更扎实;王希明老师担任备课组长的年级,就会融入更多的西方经典阅读,他所带的班级在这一点上特色鲜明;而我自己所带的年级,"过程写作"则会做得更完整。

由上述四条线索融会的语文教育体系,贯穿复旦附中学子高中三年语文学习的始终,帮助他们在应试教育大氛围的影响下,构建一个小小的"诗意语文时空"。

这个"诗意语文时空"最大的特点,就是高一高二两年不做"课课练",更不做高考题或类似的高考练习题,只安心学习语文。换句话说,即高一高二摒除"应试操练",高三第一学期逐步融入应试知识,第二学期将前期的语文能力转化为高考应试能力。这里也不排除某些老师可能在高三时会将语文学习变为应试学习。

就我个人来说,即使是执教高三,我也会尽可能以"诗意语文"的方式面对残酷的应试。部分学生在高三时未必能完全理解老师,但毕业后一般都能慢慢理解。有老师听过我在高三的随堂课,他们会惊讶不已地说:"都高三了,您还在教'语文'?"我则回答说:"我是语文教师,不教语文教什么?"

在复旦附中构建的这个"诗意语文时空"里,"语文"其实非常简单,就是"阅读"与"写作"的融会积累与积累融会,我自己将其定义为"生命体验与文化贯通相融相生"。

我观察下来,在这个"诗意语文时空"中,90%的学生是受益的,70%的学生是收获很大的,50%的学生是极有收获的,30%的学生是如鱼得水的,10%的学生是极幸福的。也正因为此,这十几年来,复旦附中的高考语文成绩始终保持在上海市前列,偶有第一,多数时候未跌出过前四。复旦附中四条线索融会而构建的"诗意语文时空",是必然会结出硕果的,优秀的高考成绩只是自然而然的"副产品"。

前些年我一直在倡导"单元贯通教学""过程写作""以传统文化的存在方式学习传统文化"(《中华古诗文阅读》就是遵循这

一方式构思而成的），但绝大多数老师都认为这些只适合于复旦附中。言下之意是，他们的学生只适合"应试知识"的学习与运用。更有人说："你在课堂上搞素质教育，你的学生在课下搞应试教育，有的还到辅导机构去学习'应试知识'，所以你教出来的学生高考成绩好。"也许如此，但我清楚地知道，我那些高考成绩优秀的学生是极少去机构学习"应试知识"的。我更清楚,语文的"应试知识"其实是不多的，若用三年来学，真的浪费了他们的"诗意青春"。

我期待的不仅仅是优秀的高考成绩，更期待每一个学生都能进入"诗意语文时空"中学习，由此激活诗性基因，彰显诗性人生，成为摆脱羁绊的自由人。

单元贯通教学的
诞生与实践

一、问题的提出

中华人民共和国成立 70 多年来的语文阅读教育，大致可分为三个阶段：

2000 年（上海地区 1996 年）以前，大体按"文体"（记叙文、议论文、说明文以及文学作品）组织教学，教材多以文体单元形式出现，教学以文体知识兼文章学知识、语言学知识（后文简称"语文知识"）为主。

2000 年（上海地区 1996 年）以后，大体兼融"主题"与"文体"组织教学，教材编写以"主题"单元为主、"文体"单元为辅，但课堂教学面貌与先前相比没有实质性变化，依然是以"语文知识"教学为主。"以知识为本"的教学没有发生根本改变。

2019 年至今，"双新"语文课程以"学习任务群"统摄"主题"和"文体"，倡导大单元、大主题、大情境教学。但就目前的教学情况看,"以知识为本"的教学还是没有改变,教师基本上还是以"语文知识"为抓手组织教学。

从上面简略的梳理中不难看到,这70多年的语文阅读教育,大体还是以"语文知识"为主体的教学。

特别是至20世纪80年代,"语文知识"逐步从一般的考试知识变为"必然"的应试知识。于是,形成了以"语文知识"为主体的"课课练"教学模式。进入20世纪90年代后,在功利主义、科学主义的进一步影响之下,"课课练"教学模式成为最主要的语文阅读教育模式。由此,语文阅读教育中最重要的情感教育、思想教育、审美教育等与人的成长紧密关联的教育被淡化了。

这种重术轻道甚至只有应试术而无语文道的教学使得语文教育有名无实,教育效能低下。

为解决这个问题,我们乘着全国教育改革之风,于2004年创造性地提出"单元贯通教学"的设想,实践—总结—实践,形成了以文化主题为主体的"单元贯通教学"样式,被上海及全国的许多学校采用。"单元贯通教学"的核心理念还被全国"双新"语文课程中的"大单元、大主题教学"吸收,大大提升了语文教育效能,产生了广泛的社会效益。

二、解决问题的过程与方法

(一)实验引路

2004年始,黄荣华老师提出"单元贯通教学"设想,并在人文实验班开展实验。

最初，依据上海二期课改高中《语文》教材（试验本）的教学内容，形成了 30 个单元贯通主题，分别是：美丽的生命；生活的激流；艺术人生；向他们致敬（一）；向他们致敬（二）；向他们致敬（三）；中国人（一）；中国人（二）；中国人（三）；智者乐水；仁者乐山；沟通与融合；怀想；书中世界；论读书；登高而博见；中国月亮；亭台中国；小说中国；中国行节；平凡人生；关于自然的思索；师说；诗情画意；历史在这里沉思；我思故我在；托物言志；吸纳与拒绝；生命与信仰；相信未来。

至 2006 年，初步形成了"单元贯通教学"策略：以教材单元文本为基本内容，依据单元主题，适当延伸到教材之外，每单元增加 2~3 篇相类内容的文章，形成较为完整的单元学习内容；每学期完成 6 个主题单元贯通教学，至高三第一期，共完成 30 个主题单元教学；彻底改变原来的"课课练"教学模式，整个教学过程由"单元贯通预习——单元贯通授课——单元贯通写作——单元贯通写作评改与展示"四个环节构成，将知识积累与技能提升融于主题贯通教学之中；学生练习由三部分构成——单元贯通预习，课堂生发的重要的贯通问题探讨，单元贯通写作、互批、交流及展示。

黄荣华老师于 2006 年 10 月在上海市教师学研究会 20 周年庆典上开设了"单元教学"观摩课：高一第一学期"新诗单元"。观摩课展示了单元贯通教学初探时期的基本模样：用单元主题（"时代精神"）贯通单元全部诗作，将"意象"知识融于单元主题教学之中，获得观课教师的积极回应。于漪老师在评课中给予了高度评价，认为"有所创辟"。

至 2008 年，形成了较为完善的单元贯通教学策略。在 2006 年初步策略的基础上，明确提出"以道驭术"的单元教学方略，将"语文知识"与技能融于 30 个文化主题教学之中，构建一种全新的语文教育。这 30 个单元贯通教学主题为——

高一第一学期：美丽的生命；那些无从知晓的上天恩赐（亲情体验）；还有多少"常春藤叶"（别样的生命一）；诗人梦（新诗鉴赏与推荐）；"我"之追求；小说中国。

高一第二学期："小人物"与"大节"；"大人物"与细节；理想的旗帜；变形、异化及其他；亭台中国；峻伟的人格。

高二第一学期：有字书与无字书；书与人生密码；自然·科学·艺术；我看散文的"真"；山水中国；词曲中国。

高二第二学期：用生命体察自然；追求与告别；多样化时代的"拿来"与"拒绝"；向他们致敬（别样的生命二）；小区生活的调查；中国古代散文精神。

高三第一学期：意境之美；思想之美；生命之美；说理之美；传统之美；史传之美。

2008 年，黄荣华老师应邀在上海师范大学附属中学 50 周年庆典活动中开设"单元贯通"观摩课——"'我'之追求"。课堂展示单元贯通教学成熟期的基本模样，得到了来自全国各地的观课教师的广泛关注与积极回应。

（二）理论探索

在实验的同时，加强理论探索，我们在单元教学的必然性、文化主题单元教学的意义、文化主题单元贯通教学的价值等方面，做了深入的探讨。团队成员先后发表了《上海二期课改高中〈语文〉（试用本）单元教学设计的思考——以高中一年级第一学期第四单元为例》（黄荣华，《语文学习》2007 年第 5 期）、《文本解读：请走出"共性知识"圈——以〈故都的秋〉的两个教学设计为例》（黄荣华，《语文建设》2010 年第 Z1 期）、《再谈"文本解读：请走出'共性知识'圈"》（黄荣华，《语文教学通讯》2014 年第 7 期）、《单元贯通，学到 100 个文化主题》（黄荣华，《新读写》2016 年第 4 期）、《基于单元教学的任务型作业设计》（石莉，《语文建设》2018 年第 19 期）、《高中古诗文教学实践中构建学生"文史知识"体系的研究》（石莉，2018 年上海市青年教师教育教学研究课题成果二等奖）等文章。

这些文章形成了一些有关单元教学的共识，产生了一定的影响，部分也为全国"双新"语文课程所吸收。

2019 年统编教材实施以来，"单元贯通教学"不但成为单元教学的有机组成部分，而且整个思想贯穿于整个单元教学过程中。团队成员发表了《统编高中语文教材必修（上）第二单元设计及实践》（王希明，《语文学习》2019 年第 11 期）、《〈乡土中国〉整本书阅读教学》（王希明，《语文学习》2019 年第 12 期）、《"单元贯通"对"学习任务群"的意义凸显与实施策略》（龚兰兰，《语文教学通讯》2020 年第 34 期）、《融会"学习之道"，在任务群中落实与拓展教学——以普通高中语文统编教材必修上册第六单元为例》（王希明，《基础教育课程》2020 年第 24 期）等文章，探讨了"双新"背景下单元贯通教学的意义与实践价值。

1.八点认识

（1）打破"课课练"教学模式，建立起"单元教学"概念，建立起"单元贯通教学"概念，全力落实"单元教学"任务。

（2）走出"'共性知识'圈"，彻底改变"以知识为本"的教学，全力关注并落实阅读教学与人的成长的紧密关系。

（3）以主题贯通的方式展开单元教学，打破单元文本之间的壁垒，打破单元之间的壁垒，不仅实现单元内部的贯通，而且实现单元之间的贯通，全力落实"工具性与人文性"统一的语文教学，达到"以道驭术"。

（4）在单元贯通教学中，完成语文教育使命——引导学生完善文化逻辑构建，落实语言发展价值，实现审美激发与文化化育意义。

（5）单元贯通教学因特别需要用联系的思维方式去发现文章内部、文章与文章之间、问题与问题之间的联系，需要用联系的思维方式去重构在明确的主题引导之下的语言与语言之间、文章与文章之间、单元与单元之间、问题与问题之间的联系，对发展学生联系与贯通（或曰整体）思维具有极其重要的意义。

（6）单元贯通教学是一种"贯通"教学，引导学生始终处于学习的"运动"状态中，始终处于学习的"半道上"，具有"文化生命运动"的持续性、不间断性特征。

（7）每个单元依据单元学习任务，设立三至四个"单元贯通点"，每个"贯通点"设计为一至两个课时。每个单元的几个"贯通点"

可依次从"思想内容""艺术境界""言语方式"等几个方面构思。

（8）单元贯通教学不会削弱单元文章的个性，相反，是在多方、多次比较与对比中使文章个性得到彰显。单元贯通教学克服了传统的单篇教学因面面俱到而失之于泛、失之于空的弊病，故能更精准地关注文章的关键性语言及其表达的关键性意义，能更好地落实语文的"语文性"。

2.**两种方法**

（1）强化综合实践活动

变"以知识为本"的教学为"以学生发展为本"的教学，就必须改变课堂教学模式，不仅要改变以应试知识为主的"课课练"教学模式，而且要改变所有的"一言堂"教学模式，改变所有单一的讲读模式，要强化语文综合实践活动，引导学生在综合学习活动中变被动接受为主动探究，变单一吸收为综合获取，变学而不思为学思合一，变知而不行为知行合一。

单元贯通教学因其必须学思合一、知行合一，所以具有极强的综合实践特征。单元贯通教学引导学生分四步展开学习——

①单元贯通预习，关注"陌生点""疑问点"和"贯通点"。

"陌生点"是学习新内容必然遇到的；"疑问点"可能是新内容，也可能是曾经学习过的内容；"贯通点"是将"陌生点""疑问点"打通的关键。

学生预习时思考这三个点，为第二步学习打下坚实的基础。

②单元贯通授课，除了关注"陌生点""疑问点"和"贯通点"，还要关注"联系点""比较点""讨论点""沟通点"。

教师的授课,建立在学生预习时的"陌生点""疑问点"和"贯通点"之上。在这三点上,思考并形成授课时的"联系点""比较点""讨论点""沟通点",帮助学生释疑解困,并完善或形成新的"贯通点"。

③单元贯通写作,关注"读写结合点""课内课外结合点"与"贯通点"。

"读写结合"是语文学习的重要方法,在单元贯通写作中这一方法更会产生极高的学习效益,其集中体现就是思维力的培育。

单元贯通学习因为始终在比较中统观,始终在选择中统观,始终在贯穿中统观,始终在沟通中统观,所以,它需要用联系的思维方式去发现文章内部、文章与文章之间、问题与问题之间的关系,需要用联系的思维方式去重构在明确的主题引导之下的文章与文章之间、问题与问题之间的联系。如果能长期坚持这样的思维训练,就一定能形成普遍联系的思维方式。同时,单元贯通阅读与写作,因自始至终都需要进行归纳与演绎,所以它能够很好地锤炼学生的归纳与演绎能力。尤其是单元贯通写作,从主题理解,到材料选择,到文字表达,每个主题写作都是一次完整的归纳与演绎思维训练。可以设想,经过几年的这种语文训练,学生的逻辑思维力一定会得到很大的提升,在这个过程中就会逐步形成对感性世界的抽象能力、对芜杂世界的整合能力,对多变世界的方向把握能力。而这不仅是应试所需要的重要能力,更是人立身处世的非常重要的能力。

在这样的写作过程中,学生始终要保持"贯通点"的统一性与稳定性，才能保持文章逻辑的统一性。

④单元贯通写作评改与展示，关注"积累点""交流点"和"思辨点"。

学生完成了单元贯通写作后，教师先大体翻阅学生的写作，并签阅。之后，将全班学生组成若干组（一般可分为六组，对应每学期课文的单元数；小组可由学生自由组合，可按学习小组组合，可由教师根据需要组合），在教师的指导下由一组学生对全班学生的单元贯通写作进行较详细的批改，并让该组学生将自己认为的习作中可以向全班分享的内容摘录下来。然后，由小组内两名学生将全组学生摘录下来的内容在单元主题下重组，设计成一堂可以向全班学生展示的活动课。在这个展示中，要求全班学生的写作内容都能得到部分展示，不遗漏一人。

在这个过程中，特别要求学生关注"积累点""交流点"和"思辨点"。

"积累点"指前述的"陌生点""疑问点""贯通点""联系点""比较点""讨论点""沟通点""读写结合点""课内课外结合点"九点。看学生的写作是否有较丰富的积累。

"交流点"指学生在写作中表达的可以分享给大家的新知识、新思想。

"思辨点"指学生在写作中表达的疑问或有争议的问题，带到课堂上展开探讨。

这种评改、交流与展示，不仅因为关注"积累点""交流点"和"思辨点"，而使学生的知识得到扩宽、思想得到提升、思维得到发展，更给每一位学生以激励和关怀，在生命间的平等相待、相互欣赏等方面给每一位学生以深刻的影响。

（2）贯彻问题意识

单元贯通教学从预习关注"陌生点""疑问点"和"贯通点"，到展示时关注"积累点""交流点"和"思辨点"，单元贯通学习全线贯穿 12 个"问题点"。

单元贯通教学的这种设计隐含着一个重要的教学理念，那就是将学习过程作为一个追问过程，并在这个过程中将学生当下学习需要解决的问题与可能存在的问题、未来成长需要现在就开始思考的问题，化为不同系列（知识系列、能力系列、情感系列、思想系列、价值观系列）的问题链，由浅而深地分解到单元中，融入课文学习中，渗透到贯通中。我们期待学生通过这样一个漫长的学习"过程"，在潜移默化中树立问题意识：追问并努力去解惑。

这里要特别强调"比较点"。比较是思维的重要品质，超强的比较分析能力是创造思维的重要特征。比较的起点是"问"，比较的结果是"求同得异"。而"求同得异"的过程正是归纳（综合）与演绎（揭示）的思维过程。

（三）成果推广

1. 自 2008 年开始，将人文实验班的实验成果引向学校其他班级，"单元贯通"逐步成为学校语文教学的一个基本策略；上海及全国一些学校也引入"单元贯通"理念，像复旦附中两所分校、交大附中及分校、洋泾中学、吴淞中学、上大附中、中原中学以及重庆、江苏、浙江、江西等省市的部分中学引入这一理念后，语文教育均有了较大的变化。

2.2011—2013 年，黄荣华老师以"单元贯通"理念为指导，主持编写了上海九年义务教育课本六至九年级共 8 册《语文 练习部分》(上海市中小学教材审查委员会审查后准予于 2012 年秋季开始使用)，全力落实语文教学中的单元意识、综合意识、贯通意识、比较意识、问题意识、精神成长意识等七大概念。

3.2017 年，团队成员石莉老师以"单元贯通"理念为指导，主持完成的《沪教版高三语文第一学期"史传文学"单元教学的作业设计》，在上海市中小学优秀作业、试卷案例评选活动中，荣获高中语文学科一等奖，被作为单元教学成果推广。

4.2017—2020 年，黄荣华老师以"单元贯通"理念为指导，主持编写《中华传统文化优秀基因现代传译课程》小学卷、初中卷、高中卷共 12 册，并在"教学指导"中明确指出，本课程以主题单元组合方式编写，每个单元一个基因点(层级)。……教学时就要树立"单元贯通"的意识，将几个板块联系起来思考，使一个单元教学的几个课时前后贯通。

5.2009—2020 年，先后举办市级"单元贯通教学"公开研讨、展示活动 7 次，开设市级研讨课 10 节。这些活动和课堂，对推广"单元贯通教学"理念起到了极大的作用。

2008 年 10 月，黄荣华老师开设高一第一学期第二单元"'单元贯通'主题写作交流与展示"公开课，上海市各区 200 多位高中语文教师观课。

2009 年 3 月，黄荣华老师开设高一第二学期第一单元"'单元贯通'主题写作讲评"公开课,上海市各区 200 余位高中语文教师观课。

2011 年 9 月,胡凌老师、张慧腾老师开设高一第一单元"单元贯通教学"市级研讨课,上海市各区 200 余位语文教师观课。

2015 年 5 月,石莉老师开设高一第三单元"单元贯通教学"市级研讨课,上海市各区 200 余位语文教师观课。

2016 年 9 月,陈晓蕾老师开设高一、高二小说单元"单元贯通教学"市级研讨课,上海市各区及浙江、江苏等省的 200 余位语文教师观课。

2019 年 11 月,龚兰兰老师开设"双新"课程必修上第六单元"单元贯通教学"研讨课,上海市 700 余位语文教师观课。

2020 年 10 月,孙梦依和石莉、李郦、聂鑫四位老师分别开设"双新"课程必修上第二单元、选择性必修上第三单元"单元贯通教学"研讨课,来自杨浦、浦东、宝山、黄浦、虹口、青浦等区的 200 多位教师参加了此次活动。此次活动,还在网络上进行了同步直播。据平台数据显示,全国有 9000 多位教师在网上观课。

三、成果的主要内容

1. 创生单元贯通教学理念

打破单元课文之间的壁垒,统筹谋划单元内容,发掘单元教育最有价值的教育内容,化为若干学习问题(融合知识、技能、思想、文化、审美等),将单元(有时是不同单元或几个单元)课文贯穿、沟通起来展开教学,引导学生在问题贯通中把握单元学习意义。

2. 形成以道驭术的单元贯通教学策略

关注语言背后的文化及其逻辑，尽可能将知识、技能融于语言、思想、文化、审美之中，融于单元整体性的文化逻辑之中；以单元文化的若干逻辑线索为教学依据，设计贯通单元的问题链展开教学，以完成单元教学任务，彻底改变"课课练"教学模式，彻底改变（孤立地）以语文知识点为教学中心的教学方式，构造"以学生发展为本"的语文教学境界。

3. 引领语文教改方向

（1）2006年以来，开设各级公开课、研讨课、观摩课、展示课、示范课100余节，讲座30余场，刊发相关文章10余篇，编写相关图书资料10余种。

（2）2011—2013年以"单元贯通"理念为指导编写的上海九年义务教育课本六至九年级《语文 练习部分》，一直使用到2020年。

（3）上海的浦东复旦附中分校、复旦附中青浦分校、交大附中、交大附中嘉定分校、洋泾中学、吴淞中学、上大附中、中原中学等几十所中学及重庆、江苏、浙江、江西等省市的部分中学，都引进了"单元贯通教学"理念。

（4）"单元贯通教学"理念不仅为全国"双新"语文课程大单元、大主题教学所吸收，而且已成为"双新"语文课程展开单元教学的一个重要理念。

4. 引领教师成长

一批教师在单元贯通教学策略引领下茁壮成长，在市级及以上级别比赛中，获得一等奖 10 人次。其中 1 人在全国技能比赛中获第一名。

5. 引领学生成长

在三年的单元贯通学习中，学生逐步形成普遍联系的思维方式，不断提升归纳与演绎思维力，提升思辨力，提升文化表现力。2017 年《全国优秀作文选》有专栏全年展示复旦附中学生的单元贯通写作范文；语文组编辑的复旦附中语文人物之《单元贯通写作四人行》受到广大师生的青睐。学生在各类写作竞赛中均获佳绩，比如，在鲁迅青少年文学奖大赛中，仅黄荣华老师所带的学生中就有 3 名学生分别获得第一届（2009 年）、第十届（2018 年）、第十一届（2019 年）届全国高中组唯一大奖。

四、效果与反思

1. 理念创新

打破单元课文之间的壁垒，统筹谋划单元内容，发掘单元教育最有价值的教育内容,化为若干学习问题（融合知识、技能、思想、文化、审美等），将单元（有时是不同单元或几个单元）课文贯穿、沟通起来展开教学，引导学生在问题贯通中把握单元学习意义。这在十多年前的 2004 年，是一个大胆的创新。"单元贯通教学"理念不仅为全国"双新"语文课程中的"大单元、大主题教学"所吸收，而且即使是在全国"双新"课程展开至今的背景下，对绝大多数老师来说，依然是一个新理念。

2.形式突破

（1）关注语言背后的文化及其逻辑，将知识、技能融于语言、思想、文化、审美之中，融于单元整体性的文化逻辑之中，以"主题贯通"的学习策略培养学生从语言构建到文化传承再到文化创新意识培育的语文核心素养。

（2）以单元文化的若干逻辑线索为教学依据，设计贯通单元的问题链展开教学，完成单元教学任务，彻底改变"课课练"的教学模式，彻底改变（孤立地）以语文知识点为教学中心的教学方式，引导学生建立普遍联系的学习意识。

（3）以"综合实践活动"为基本学习方式，以12个"问题点"交织成学习的基本线索，以"关联性"评价为学习评价策略，引导学生在综合实践活动中自主成长。

3.是"以道驭术"传统思想在现代教育中的创造性转化的体现

"道"与"术"有怎样的关系？古人讲：以道驭术，术必成。离道之术，术必衰。

应试教育中的语文教学，只教知识与技能，只教应试的知识与技能，正是"离道之术"，不仅无语文之"道"，而且也难真正获得"术"，所以教学效果很不理想。

单元贯通教学以"文化主题"贯通单元教学，尽可能将知识、技能融于思想、文化、审美之中，使语文教育成为融合知识、技能、思想、文化、审美等的真正的综合教育，几乎囊括了学生成长所需的全部内容。这正是"以道驭术"传统思想在现代教育中的创造性转化的体现。

单元贯通教学诠释

一、什么是单元贯通教学？

概括地回答，就是将一个单元（有时是不同单元或几个单元）的教学内容贯穿、沟通起来展开教学。具体一些，单元贯通教学可从下面四个方面来理解。

（一）建立教材单元概念

自 20 世纪初叶开始，我国现代语文教材基本采用单元编排的形式。应当说，"单元"概念已成为一种语文共识。但不可否认的是，这种共识对一线教师而言，现在似乎只停留在教材的编排形式上，没有真正自觉地理解这种编排形式里面所包含的具体内容。

教材单元当然由单元形式体现，但任何形式离开了支撑这种形式的内容其实是没有实质性意义的。因此，语文教师对教材单元的认知，不仅要有形式的概念，更要有对支撑这种形式的内容的概念。

回顾我国现代语文教材编写的历程，不同时期的单元编排内容各有侧重。早期大体以内容相类的一组文章来组织单元，后来慢慢发展为以文法相类的一组文章来组织单元，到 20 世纪 60 年代形成了以相类文体来组织单元的编排形式，进入新世纪后又以相类主题来组织单元。

目前教师心中的单元概念之所以只停留在形式上，有两个主要原因。

一是先前的以相类文体组织单元的编排形式的影响。以相类文体组织单元，本质上是以知识为本的理路。它的逻辑是：这一单元的文章具有相同的文体意义，这些文章都在证明这些文体知识；学生学习了这样的单元，就认识、理解甚至掌握了这些文章体现的文体意义，可以依此阅读，也可以依此写作，因此叶圣陶先生那句"教材无非是例子"的名言就广为流传，且被奉为落实单元教学的至理。而在具体的运用中，教师们又将这个"例子"中的内容抽离出来，慢慢就演变为徒有形式（也就是教与考的知识点）的语文方式。

二是教师对主题单元的理解不到位，甚至有抵触情绪，因为感觉不像以前的文体单元那样有教学抓手。

其实，现在语文教材以主题组织单元是一种进步，或者说回归。

其一，以文体组织单元时，"文体"的划分并没有必然逻辑。我们现在流行的"记叙文""议论文""说明文"三分法，无法将全部文章纳入；流行的"小说""诗歌""散文""戏剧"文学作品四分法也无法完全将文学作品纳入。并且，"三分法"与"四分法"两者之间有交叉现象，所以我们常将一些"小说""散文"也纳入"记叙文"中。这种不完全归纳并且有明显混乱情况的分类，是不符合文章实际存在的，是不合文理的。因此，抛弃以文体组织单元的编排方式，是一种必然。

其二，以主题组织单元，是对文章生成第一原理的尊重。作家写一篇文章，无论是哪一类型的文章，首先是由于某个生活事件，或某种情感、思想，触动了内心，然后才发诸为文。在形成文章的过程中，作家选择某种文体，既有作家的习惯，也有写作内容的必然要求。因此可以说，是文章的内容决定了文章的形式；是内容的必然性决定了文章形式（或者说文体）的必然性。有的人可能会反驳，认为"形式即内容"。其实，讲"形式即内容"有一个前提，那就是这样的内容决定了这样的形式。当然，我们不能因此否定文章形式的重要意义，否则所有的文章都是一个模样，那文章也就不复存在了。正是因为好的作品有自己独一无二的形式，所以才有了如漫天星斗那样不可胜记的光华灿烂的文章。但我们不得不说，与文章内容相比，对文章形式的追求应当是文章生成的第二原理。（那些以文体实验或者仅以形式创新为追求的写作者是特例，不应当作为作家写作的普遍"原理"。）以主题组织单元，其理路是对文章生成第一原理的尊重。

其三，以主题组织单元，契合阅读心理。应当说，人们阅读作品首先考虑的是作品内容对读者阅读心理的满足，学生的阅读也不例外。我们常常讲的情感共鸣、思想共振、审美愉悦、文化化育，基本上都指向作品的内容。只有当以"深究"和"玩赏"的方式去阅读时，形式才更多地进入阅读满足中。语文阅读教学确实有"深究"和"玩赏"的要求，但我认为，这是阅读及其教学的高级阶段，它不应当作为基础教育阶段的主要模式。并且，进行"深究"和"玩赏"的阅读及教学，也不能（只）以"文体"（知识）教学为指针，更不能将"文体"（知识）教学作为教学的唯一内容，尤其不能将相关的"文体"（知识）考点作为教学的唯一内容。

其四，以主题组织单元，符合学生生命发展的需要。中小学阶段是学生生命发展的最重要阶段，将人类的优秀文化分类别、分层次、分阶段编排进教材中，引导学生学习、体味、传承、弘扬，是促进学生生命发展的重要途径。语文学科天然地承担了这个任务，因此，教材以此为线索，将符合学生不同发展阶段需要的文章，按不同主题组织成不同的单元，就是符合学生生命发展需要的教材编写的必然行为。

综上四点，可以说主题单元组织模式是语文课程教材组织改革的重要收获。它与先前的知识单元组织模式的最大区别是，不以语文知识为本，更不把课文仅作为某种知识的例证，而是以情感（或思想或文化）主题将语文核心素养的培育、提升与发展融会于一体，使单元课文之间构成"互文"关系，共成诠释某一情感或思想或文化主题。它隐含的教育理念是：学生不是储存知识的容器，而是活生生的生命体；语文教育应在情感或思想或文化主题的学习中全面提升与发展学生的语文核心素养，促进学生生命的全面发展。这就要求教师在处理教材时，要走出传统的以知识为本的知识单元思维模式，建立以提升与发展语文核心素养为教学目标的主题单元学习模式；摆脱传统的以知识储存为主的一课一练的训练模式，建立起整体把握教材教育意义的全面发展的语文学习概念。

因此，语文教师一定要将教材编写形式的必然意义和单元内容编排的必然意义有机地融合起来理解，才能构成完全的教材单元概念。

（二）建立教学单元概念

既然教材以单元来组织，那么教学理所当然地也要以单元来组织，建立完全的教学单元概念：将教材单元文章看成一个整体，将教材单元教学目标落实在单元教育行为之中。但事实是，真正以单元来组织教学的教师极少，教师们长期以来都习惯以单篇课文为单位来组织教学，甚至以单个知识点为单位来组织教学，基本上没有教学单元概念。这里的主要原因有二：一是目前的考试方式仍以知识点为主导设计题目，而在这样的导向下，教师的教学自然以应试为主，不会改变教学习惯；二是少数教师想改变以单篇课文、单个知识点为单位组织教学的模式，进入单元教学模式，但举步维艰。因为整个评价体系不支持这种方式，从课堂教学评价到考试评价都不支持。

但从语文教育改革的推进来看，建立教学单元概念是一种必然，因为只有建立教学单元概念，才能真正理解现行教材编写时执行的教材单元概念，才能在自己的教育行为中落实教材单元编排意图，完成课程标准期待实现的教材单元意义。

（三）建立单元贯通概念

单元贯通就是将一个单元内（有时几个单元）的全部文章，用这个单元（或这几个单元）需要引导学生去学习、理解、传承、弘扬的情感（或思想或文化）主题贯穿、沟通起来，将单元（或这几个单元）文章有机地组织成一个单元整体。

建立单元贯通概念，实施单元文化贯通，就是突显语文学习的综合性、关联性、融合性，体现"语文课程是一门学习祖国语言文字运用的综合性、实践性课程"的特征。这是新课标、新教材体现的特别突出的一个特征。这一特征需要老师们用积极的行动去诠释与化解。而诠释与化解它的最大敌人，是几十年来形成的"单篇教学"惯性（以较全面的知识点落实为主体的教学）。如果不能突破"单篇教学"惯性，新课标、新教材所期待的语文教学目标的实现，将无从谈起。

（四）实施单元贯通教学

实施单元贯通教学，由下面几个环节构成：

1.布置单元贯通预习任务并检查

预习是开展课堂教学的重要准备。要落实单元贯通教学，就要布置单元贯通预习任务。单元贯通预习任务有四个要求：通读单元全部文章；记下通读时感觉到的每篇文章的疑难问题以及对一些疑难问题做出自己探究后的解释；将单元全部文章融会起来思考，寻找能够将这些文章贯通起来的文化主题，并尝试着解释。

这种预习，比之前的单元预习要求要高许多。

2.开展单元贯通课堂教学

开展单元贯通课堂教学是单元贯通教学的难点。单元贯通课堂教学可分两步展开：

第一步，单元贯通备课。

在检查完学生的单元贯通预习情况后，根据学生预习中的问题，对照单元文章的内容思考，寻找到单元贯通的线索。这条线索至少有三重意义：一是能突出单元主题的意义，二是能将单元全部文章贯穿、沟通起来，三是有利于学生理解每一篇文章。

如人教版高中《语文》必修上第一单元，至少有三条贯通线索。

第一条线索：绚烂瑰奇的青春在不同时代激流中彰显的风采。时代不同，激流永在，青春永驻。这样就能较好地将《百合花》一类的文章融进"绚烂瑰奇的青春"这一宏大叙事之中来理解，同时也能突出战争年代"绚烂瑰奇的青春"的显著特征。

第二条线索：青春在渴想自由、追求自由的行为中永生。无法设想，毛泽东没有"万类""竞自由"的渴想与追求，能成为20世纪的人类伟人；无法设想，郭沫若没有"不断的毁坏，不断的创造"的渴想与追求，能成为中国现代新文化的创造者；无法设想，雪莱没有"全世界就会像此刻的我——侧耳倾听"这样宏阔辽远却真切实有的渴想与追求，能成为对世界浪漫主义文学产生深远影响的大诗人；也无法设想，香雪没有对那个象征着文明与尊严的铅笔盒的渴想与追求，能成为中国新时期文学典型中不朽的美香雪……

第三条线索：意象与诗歌（文学）。

寻找到单元贯通线索后，再围绕这条线索设计成问题链。如第一单元的第一条线索"绚烂瑰奇的青春在不同时代激流中彰显的风采"，就可以设计这样的问题链：本单元七篇诗文中，各自写出了怎样的青春风采→不同的篇章各自是怎样彰显青春风采的→不同时代的青春风采有哪些异同→不同篇章在彰显青春风采时各自的方式有哪些异同。

根据问题链来设计课时。如第一单元的第一条线索的第一问，就可以用三课时来探讨；在此基础上，用三课时来探讨不同篇章彰显青春风采的方式；最后，用两课时比较不同时代青春风采与不同篇章彰显青春风采的方式的异同。

第二步，单元贯通授课。

单元贯通授课与平常单篇授课的基本步骤是一样的，即根据备课设计好的内容展开。它与单篇授课最大的区别是：每节课都是单元教学总目标统摄下的课堂，因此，每节课都在解决单元教学目标下有清晰的定位。一个单元的全部课堂构成一个或几个完整的"圆型"，每节课都在这个"圆型"中做好自己的一环。

3. 单元贯通练习——单元贯通写作

每个单元在完成单元贯通授课后的一个环节是单元贯通写作。

单元贯通写作，就是给学生一个单元贯通主题，然后让他们围绕这个主题，主要从本单元文章中寻找证明主题的材料，也可适当选取平时所获得的相关材料，写成一篇2000字左右的文章。如第一单元，可以给学生"美丽青春"这样的主题。学生根据"美丽青春"这个主题,从本单元七篇诗文中选取能证明这个主题的材料,再适当选取平时所获得的与"美丽青春"相关的材料,组织成一篇2000字左右的文章。

4. 单元贯通写作批改与展示

学生完成了单元贯通写作后,教师先大体翻阅学生的写作,并签阅。之后,将全班学生组成若干组(高中可组六个组,初中可组八个组,对应每学期课文的单元数。小组可由学生自由组合,可按学习小组组合,可由教师根据需要组合),在教师的指导下由一组学生对全班学生的单元贯通写作进行较详细的批改,并让该组学生将自己认为的习作中可以向全班分享的内容摘录下来。然后,由小组内两名学生将全组学生摘录下来的内容在单元主题下重新组合,设计成一堂可以向全班学生展示的活动课。在这个展示中,要求全班学生的写作内容都能得到部分展示,不遗漏一人。

二、单元贯通教学的意义

单元贯通教学的意义,在于落实语言发展价值,实现审美激发与文化化育功能,形成普遍联系的思维方式,锤炼归纳与演绎思维力,提升文化表现力。

语文教学的重要意义之一,是发展学生的语言。"语言是存在的家",语言具有对人的领起、领导关系,人在此领起、领导下领会、领悟生活与生命,进而发展生命,创造生活。于是我们看到,"语言不再仅仅是捕鱼的'筌'而是'鱼'本身,语言就是真理和意义。""语言从承载意义的符号变成意义,从传递真理

的工具变成真理本身。"（参见 p120 注）

单元贯通教学以文化主题贯穿、沟通单元文章，事实上就是将文章置于社会语境、心理语境、本体语境之中，自然就具有了发展学生语言的教育意义，因为它不仅引导学生关注字、词、句的此在意义，更引导学生关注字、词、句的现实与历史、当下与未来、社会与个体、实用与审美等多重关联的意义，使学生在这种多重关联中习得语言的认知、理解、赏会与表现能力。

同时，语文教育在很大程度上就是情感教育，就是思想教育，就是审美教育，就是文化教育。这些教育合力，最终使学生具有高尚的文化人格。而在语文教育中实施单元贯通教学，正是实现语文教育几大功能的基本途径。如果单元与单元之间，学期与学期之间，学年与学年之间，初中与高中之间，这些或线性，或重叠，或交叉，或反复的文化主题能够在学生心中融会贯通，那么这些学生将不仅具有丰沛的情感源泉、丰富的思想资源、丰厚的文化积淀和丰盈的审美经验，而且将在这些情感的激荡、思想的启迪、文化的熏陶和审美的激发下，不断实现文化人格的升腾。

单元贯通教学注重用现代思想去观照、反省中外文化，经常用比较的方法去认识、理解作品，感受、理解文化发展，关注"文化原点"，注重"文化发展"，观照"文化消长"，建立各类由"文化原点"发生的"文化史"概念。

现代学生所处的时代属于各种思想交锋的时代，是多元文化交汇的时代，他们因年幼无知而缺乏辨识力、控制力，很容易产生偏见。语文教师的重要职责是帮助学生看到不同思想，并能比较准确地区别他们所看到的不同思想，因而能比较公允地评述某种思想指导下的行为及其产生的结果。如关于个人与他者关系的认识，通过从初中到高中的多次相类、相交、相融、相续的单元贯通教学，就可以引导学生在比较当今"个人本位的自我理解"与古代"社会本位的自我理解"的区别中，获得正确的认知，形成真正有力量的文化批判力，同时也能矫正自己的前行方向。

三、单元贯通教学应特别注意的问题

单元贯通教学是完成单元教学任务的一种有效方法。但在实施时应特别注意两个问题。

一个问题是：如何突显单元文章的个性。

打破单篇教学模式，将单元文章融会，可能会损害文章个性。因此，保护甚至突显单篇文章的个性是单元贯通授课要解决的一个难点问题。

怎么解决呢？我认为，如果在授课中能根据单篇文章的个性解决贯通问题链中的问题，单篇文章的个性就能突显出来，特别是在比较中解决一些问题时可以更好地彰显单篇文章的个性。如前述第一单元第一条线索下设计的问题链，第一大问题是探讨不同篇章的个性内容，第二大问题是探讨不同篇章的个性艺术手段，第三大问题是在比较中加深对不同篇章个性内容与个性艺术手段的认识与理解。这几大问题的解决，一定能彰显本单元几篇文章各自的个性。再如第三单元，如果我们能在下面几条线索中展开教学，也就能较好地保护单篇文章的个性。

第一条线索：情思，或者说情志。《短歌行》的"忧"，《归园田居》（其一）的"恋"，《梦游天姥吟留别》的"梦"，《登高》的"恨"，《琵琶行并序》的"沦"，《念奴娇·赤壁怀古》的"情"，《永遇乐·京口北固亭怀古》的"老"，《声声慢（寻寻觅觅）》的"愁"，每首诗词的情思品味出来了，每首诗词的个性也就彰显出来了。

第二条线索：境界，或者说艺术境界。每首诗词，都营造了一个经典的艺术境界。《短歌行》的"渴想"，《归园田居》（其一）的"自然"，《梦游天姥吟留别》的"瑰奇"，《登高》的"沉郁"，《琵琶行并序》的"幽怨"，《念奴娇·赤壁怀古》的"豪放"，《永遇乐·京口北固亭怀古》的"壮烈"，《声声慢（寻寻觅觅）》的"凄婉"，每首词都在自己的这个"境界"中做到了最好，因此就成了"这个""境界"的代表。它们各自竖起一杆艺术境界的大旗，自诞生后一直飘扬到今天，直至永远。第三条线索：言说，或者说言说方式。它们与前代，与当时，与诗人自身，与后代，都构成了紧密的关联。它们是传承者，它们是创造者，它们是启后者，因为它们都是"这种"言说的经典。《短歌行》的"追问与应答"，《归园田居》（其一）的"陈述与描叙"，《梦游天姥吟留别》的"梦吟"，《登高》的"顿挫"，《琵琶行并序》的"长歌"，《念奴娇·赤壁怀古》的"虚实"，《永遇乐·京口北固亭怀古》的"典实"，《声声慢（寻寻觅觅）》的"叠字与反问"，各自的言说方式都不可替换，都是"这一"内容最好的表达方式——"这一"方式。我们的课堂若能将"这一""最好"表达方式的厚味品啜出来，这些诗词的个性言说方式也就彰显出来了。

还有一个问题是：避免用"考点"知识贯通。

目前单元贯通教学有一点值得我们密切注意，即用"考点"知识贯通。如必修上第一单元用"情景交融"，第二单元用"行动描写"或"语言描写"，第三单元用某种修辞手法。这样，表面看起来是将单元"贯通"起来了，事实上却是将单元文章变成了考试知识点的讲解。

如何把学生带入
中华优秀传统文化世界

　　复旦大学附属中学历经十多年探索，形成了一套较为成熟的将优秀传统文化教育系统化、课程化的语文教育方略。其教学成果《阅读"中国人" 书写"中国人"——彰显语文教育人文性的实践研究》，于2014年获得基础教育类国家级教学成果奖一等奖。这一成果的教材部分包括《中国人》《中华古诗文阅读》(6册)《中华根文化·中学生读本》(15种)。其中《中国人》以选修方式进入课堂，《中华古诗文阅读》以必修方式进入课堂，《中华根文化·中学生读本》以推荐阅读的方式进入课堂，《诗经》《庄子》等整本书研修作为文理学院部分学生的荣誉课程。

　　这3套教材共22册，可谓比较全面而系统地承载了中华优秀传统文化的核心部分。从21世纪初《论语》《孟子》《古文观止》《诗经》《楚辞》等大量进入课堂开始，我们坚持引导学生全面而系统地学习中华优秀传统文化已有多年。

一、引导学生理解以至欣赏在本民族发展进程中产生过重大影响的民族文化人物

现在大多数人高中毕业后对"中国人"的认识还是相当模糊的，或者说是非常片面的。我们认为，通过 12 年中小学教育，正常的情况下，一个高中毕业生对在本民族发展进程中产生过重大影响的民族文化人物，起码要有一个比较全面、比较正面的认识。因此，我们将这一想法化为 15 个章节，编成《中国人》一书，纳入课堂教学中。

这 15 个章节为：儒家的理想人、墨家的理想人、道家的理想人、法家的理想人、释家的理想人、魏晋时期"觉醒"的人、儒道合流的人、儒道释合流的人、明代寻找真我的人、近代寻求真理的人、现代寻求"解放"的人、当代"走向世界"的人、传说人物、神话人物、侠义英雄。每章主要由"经典理论"和"文学形象"构成。

《中国人》表层以时代发展为线，内在则以"中国人"的精神发展为纽带，力图呈现"中国人"的精神历程。我们期待通过教授这门课程，使学生对"中国人"有一个最基本的正面认识，对在本民族发展进程中产生过重大影响的民族文化人物有真了解，有真理解，进而有认同与欣赏，使他们为有这样的"中国人"而感到自豪，为成为这样的"中国人"而感到骄傲。

二、从"文化的发现"角度启示学生更深更广地认识以至欣赏作为"中国人"的文化所自

中华文明作为一个独自形成与发展的体量巨大的几千年生生

不息的文明体，在历经近代一百多年的屈辱史后，今天又顽强、坚定、有力地行进在全球化的进程中，并且其行动力与影响力与日俱增，显现出重焕青春的崭新面貌，勃发出生命深处的人类意识与天下意识。我们认为，这一定与我们这个文明体的传统文化的存在方式有着深刻的内在关联，但我们的教育对此几乎没觉悟。

什么是中华传统文化的存在方式？概而言之，就是以"经"（儒家经典）为中心，以"史""子""集"为拱卫，形成天人合一（或曰天人同构）的宇宙生命体的文化体系（或曰宇宙秩序）。在这个文化体系中，"经"居于中心，宣示"仁义礼智信"，具有天经地义（或曰天地良心）的地位；"史"以人类故事诠释"仁义礼智信"；"子"以思辨姿态诠释"仁义礼智信"；"集"以文学方式诠释"仁义礼智信"。

中华文明几千年就是生存在这一文化体系中的，理所当然，我们几千年文明的全部知识也就产生在这一体系中；或者说，我们几千年文明的全部知识都围绕天人同构的宇宙秩序展开；或者说，我们几千年文明的全部知识都围绕"仁义礼智信"这"五常之道"展开。明乎此，我们才能明乎中华几千年古代文明的基本形态，明乎古代士人为何以坚守天地良心为己任，明乎韩愈说"尧以是传之舜，舜以是传之禹，禹以是传之汤，汤以是传之文、武、周公，文、武、周公传之孔子，孔子传之孟轲"的要义，明乎张载说"为天地立心，为生民立命，为往圣继绝学，为万世开太平"的真谛。

因此，我们编写了《中华古诗文阅读》。全书6册以《论语》《古文观止》为核心展开，分阶段阅读《论语》大部分、《古文观止》

40 余篇、历代诗歌 150 余首,选读《诗经》《楚辞》《孟子》《荀子》《礼记》《老子》《庄子》《墨子》《左传》《战国策》《吕氏春秋》《韩非子》先秦经典 12 种和《文心雕龙》《诗品》。我们期待《中华古诗文阅读》能将学生的"识自"推向更深处。

如果说《中国人》是从"人的发现"角度启示学生做一个觉醒的中国人,那么《中华古诗文阅读》则是从"文化的发现"角度启示学生更深更广地认识作为"中国人"的文化所自,使学生唤醒沉睡在自己心中的《论语》之"仁",担起自己生命中应当承担的《孟子》之"义",激发潜隐在自己头脑中的《老子》之"智",了然可以自我享受的《庄子》之"达",力行世间最难践行的《墨子》之"爱"……真正意识到《易》的"变化"、《礼》的"恒在"、《诗》的"无邪"、《楚辞》的"绚烂"、孔子的"中庸"、孟子的"性善"、荀子的"君子"、老子的"有无"、庄子的"齐物"、墨子的"兼爱"……不仅引领着我们炎黄子孙从远古走向现代、走向未来,而且将成为世界现代文明建设的重要力量。

三、掀开学生心灵上的遮蔽

众所周知,教育的针对性越强,其效果也就越好。教育要有针对性,就一定要知道受教育者"困"在何处,"惑"在哪里。就今天的中华优秀传统文化教育来看,我们认为学生的"困"与"惑"都与学生心灵上受到的遮蔽有关。

因此,中华优秀传统文化的教育要取得效果,就必然要引导学生认识、发现、理解、欣赏我们民族文化的优长,认识它在中西文化交汇过程中的遭际、处境、挣扎、反抗、斗争，以及它在全球化进程中的融入与自强、吸收与发展、获得与贡献。只有这样，才能真正掀开学生心灵上的遮蔽，从而使他们真正明白自己的文化所自、血脉所流、生命所之，真正明白自己来自几千年中华文化的孕育，最终将融进中华文化这个超大型的文明体中，成为"具有'中国心'的现代文明人"（于漪老师语）。这样，他们就会形成"根扎于大地"的理性力量，任何时候都不至于彷徨无依，不至于盲目跟风，不至于妄自菲薄。但这绝不是无系统的片段式的学习可以达到的效果，所以我们坚持全面而系统地引导学生的学习。

四、强调"全面而系统"，不是说什么都要学，而是说要有这种教育概念

当然，我们强调"全面而系统"，不是说什么都要学，而是说要有这样的教育概念，并择取可以诠释这个概念的传统文化的精华部分融入我们的课堂来加以诠释。比如我们要有"经""史""子""集"的概念，要有以"经"为中心的概念，要有"中国人"的文化生命与精神发展历程的概念。然后，我们选取有代表意义的学习材料来证明、说明、彰明这些概念。

因此我们在落实中华传统文化教育时，坚持以中华古代文化知识体系的存在方式展开，基本维护以"经"为中心、以"史""子""集"为拱卫的浑圆的几千年中华传统文化知识体系，即以《论语》《古文观止》为核心，将儒家其他经典如《诗经》《礼记》《左传》《孟子》《荀子》等作为重点，参以先秦诸子和先秦

历史著作的其他几家，旁涉秦以后的历代诗歌及《文心雕龙》《诗品》等著作。我们还在开设"中国人"课程时，同步开设"外国人"课程，以期学生在对照中更好地理解中华文明。

五、具体做法

《中国人》《中华古诗文阅读》《中华根文化·中学生读本》三种教材，是复旦附中语文课程的重要组成部分。具体使用方法如下：

（1）《中国人》由 15 篇构成，分为 4 个短课程：① 1 ～ 5 篇为选修中的必修，20 课时；② 6 ～ 9 篇为选修，10 课时；③ 10 ～ 12 篇为选修，10 课时；④ 13 ～ 15 篇为选修，10 课时。

（2）《中华古诗文阅读》（6 册），全部为必修。每学期一册，每册 10 个单元:《论语》《古文观止》4 个单元(第六册为钟嵘的《诗品》、文言文"通假字"、文言文"古今异义"、文言文"特殊句式"4 个单元);《文心雕龙》1 个单元；先秦经典 2 个单元；古诗词鉴赏 1 个单元；谈诗论文 1 个单元；沪版高中《语文》古诗文"思考与表达"1 个单元。

对于这些内容的教学，我们坚持"小""大"并举、以"大"为重的原则。这里所谓"小"即古诗文之"言"，所谓"大"即古诗文所宣示、所拱卫之"道"——中国人所追求的天人同构的宇宙秩序。因此，我们特别关注"文化原点"的落实，关注"经典元素"的构成求证。这样的教学，其实就是古典诗文经典性的探求与发现之旅，如行山阴之路，美不胜收。学生在这样的发现之旅中，就会一直有惊奇之感与惊喜之获，逐步抵达古诗文的腹地。

这样的教学必然反对将古代诗文教学变成古代汉语教学，杜绝只有古代语言知识的教学，倡导言文合一、以文化言的教学，即以诗思文脉为教学脉络，关注经典诗文语言及其背后的生命现象与文化逻辑，以两者共构而成的诗意文心为教学旨归。

（3）《中华根文化·中学生读本》15 种（《兴于诗——〈诗经〉选读》《立于礼——"三礼"选读》《成于乐——〈乐记〉〈声无哀乐论〉选读》《君子之言——〈荀子〉选读》《智者之言——〈老子〉选读》《达者之言——〈庄子〉选读》《爱者之言——〈墨子〉选读》《法者之言——〈韩非子〉选读》《忠者之言——〈楚辞〉选读》《谋者之言——〈孙子〉选读》《春秋大义——〈春秋〉三传选读》《诸侯美政——〈国语〉选读》《战国争雄——〈战国策〉选读》《仁者之言——〈论语〉选读》《义者之言——〈孟子〉选读》），或作为学生学习《中国人》时辅修之用，或作为学生学习《中华古诗文阅读》时研修之用，或作为学生荣誉课程的专项研修之用。

（4）与学校其他课程呼应，形成合力。复旦附中自 2010 学年第一学期起实施新课程。新课程除国家规定的基础课程外，增设了"人文与经典""语言与文化""社会与发展""数学与逻辑""科学与实验""技术与设计""艺术与欣赏""体育与健康"等八个板块的教学。其中"人文与经典"包括"人的发现"（"中国人"必修 1～5 篇、选修 6～15 篇，"外国人"选修）、"美的历程"（"东方艺术巡礼"必修与选修，"西方艺术巡礼"选修）、"思想高地"（"中国哲学"选修，"西方哲学流派"选修，"西方近代民主理论"选修）、"幸福生活"（"伦理与生活"选修，"心理与生活"必修）。

六、我们坚持这种教育的力量来自哪里

1.对基础教育的"基础"意义的深度觉醒

面对中国基础教育出现的"基础"二字的意义深度迷失、学生人生走向碎片化等问题，我们深刻地意识到，难以量化的情感与德性养育,超功利的审美意识培育应当成为"基础"二字的内核。也就是通过人文教育,如情感、道德和理智等方面的教育,启发、引导学生进入审美人生,即以美感培育为基础,着眼于人的情感培育,尽其所能地激发学生的情感力、思想力、想象力、创造力等生命力,达到呼唤生命意识、激发创造精神、塑造文化人格的目标,最终引导受教育者获得超功利审美人生的发展,实现渴望自由的心灵对不自由的现实世界的超越,从生命的黑暗之地抵达生命的光明之巅。

要实现这种教育意义,我们认为落实中华优秀传统文化教育是第一要著。中华优秀传统文化是中华民族几千年生生不息的血脉巨流,本身蕴含着一个伟大民族的情感力、思想力、想象力、创造力等生命力,现代中国人身上就流淌着这样的优秀基因。我们落实优秀传统文化教育就是要"明明德",就是要唤醒并彰明沉睡在学生生命深处的几千年传递而来的高贵德性,完成古代优秀文化的现代传译,实现古今生命的内在联通,以期他们能带着这样的高贵德性参与到全球化进程之中,走向生命发展的高地,创造人生的辉煌。

2. 语文组教师的全力投入

复旦附中长期坚守素质教育，不断完善素质教育体系。语文组教师更是十几年来始终站在学校教改的前列。（这里曾涌现出了一批声誉卓著的特级教师：以卢元老师为代表的语文界前辈，学术功底深厚，治学扎实严谨，语文课堂旁征博引，形成了语文组第一传统。以过传忠老师为代表的融表演艺术于课堂的教学，大大丰富了语文教学艺术，形成了语文组的又一传统。以张大文老师为代表的注重语言与思想双重发现的语文教学，用好教材，用足教材，用活教材，是语文组的又一鲜明特色。以黄玉峰老师为代表的沟通课本内外、沟通课堂内外、沟通读书做人、激发学生学习活力的大语文教学，点燃学生的学习激情，让学生将语文课堂引向生活深处、引向时间深处，是语文组的另一鲜明特色。）

自 2004 年开始，在学校的大力支持下，语文组围绕"生命体验与文化贯通相融相生"的教育方略开展语文课程校本化攻关。一方面实践探索，开设区级、市级及以上各类公开课研讨课 150 余节，其中多数都是古诗文教学探讨；另一方面总结提炼，编写校本教材。近 5 年来，语文组教师刊发论文 100 余篇，其中 10 余篇被人大复印报刊资料《高中语文教与学》全文转载；出版著作 20 余部。这些论文、著作 70% 都是有关传统文化教育的探讨。

3. 全体学生的茁壮成长

由于无处不在的应试思维的影响，大多数复旦附中的学生及其家长一开始都对我们系统而全面的传统文化教育产生了怀疑，少数学生毕业之后也未必能接受。但我们坚持教育的第一原则——

"因材施教"，向学生、家长说明：每位学生都应当接受系统而全面的优秀传统文化教育，与其他学习内容一样，并非让每位学生都完全一致地学习，而是期待实现"三三三一"目标，即30%的学生有很大收获，30%的学生有较大收获，30%的学生有一定收获，10%的学生稍有收获。尽管学生的所获不同，达到的高度也有区别，但最终每位学生都受益终身。

当学生走向高三时，回望高一、高二的学习，所有学生都有了较丰厚的积累，语言、文学、文化、审美等方面都产生了层累效应。再通过高三一年的文化贯通学习，许多学生就会冲破"先见之蔽"，真正发现一个新的自己，一个新的世界。他们看取自我与世界的眼光，把握自我与世界的心态，表达自我与世界的勇气和力量，都会达到一个新的高度。当他们走进大学，再走向社会，常常会为自己的曾经所学而激动。这种例子不胜枚举。

这样的学习所得，应对高考其实就举重若轻了。学校的语文高考成绩也一直在证明，学生的这种学习不但没有影响其成绩，反而非常有助于其成绩的提升。因此，每届学生的第一次家长会，我都很有底气地跟家长们说：我们做的是素质教育，应试成绩只是素质教育的副产品。

这样的学习还有一种隐形的大收获，就是多数学生在高一、高二两年间大幅提升了自学能力。因为《中华古诗文阅读》教材学习量较大，课堂学习时间有限，大部分内容需要学生在课下自主学习。我们从第一学期开始，每学期开学第一天，就发给学生本学期教学计划，明示他们需要自学的内容和时间节点。刚开始有许多学生不适应，但慢慢地，自学能力就跟上来了。这种学习经历，就是学生变被动学习为主动学习，不断提升、把握自我能力的过程。

4.对母语文化的热爱

穷根究底，我们的本质力量还是来自对母语文化的热爱。都说没有爱，就没有教育。而我要说，没有对母语文化的热爱，就没有真正的语文教育。语文老师，对母语热爱的具体体现，就是对汉字文化的热爱，对古代诗文经典的热爱，对现代诗文经典的热爱，并将这种热爱带进课堂，感染学生，激发学生，点燃他们，使其与自己一同热爱。

以我自己为例，10余年间除主编3套22册校本教材外，还于2000年发表《中学语文建立"汉字单元文化"概念的探讨》，2002年开设"汉字单元文化"选修课，2006年完成《"'汉字单元文化'概念的探讨"研究报告》并获上海市杨浦区教科研成果二等奖，2006年编注先秦文化读本《寂寞圣哲》和唐诗文化读本《怅望千秋》并出版，2008年出版专著《穿行在汉字中》，2012年出版《仁者之言——〈论语〉选读》《义者之言——〈孟子〉选读》，2013年出版《成于乐——〈乐记〉〈声无哀乐论〉选读》和《中学生古典诗词鉴赏十讲》，2014—2016年主持上海市杨浦区"中华根文化"区本课程开发。这种对汉字文化、古代诗文经典持续10余年的探究与教学实践，肯定需要一种发自内心的热爱。有了这种热爱，自己的课堂也就会不自觉地表现出来，每一个教学行为都会有这样或那样的传统文化的基因显现。

21 世纪的中国人，应当带着高度的民族文化自信参与到全球化的进程中去。因此，我们确实需要重新认识中华古代文化知识体系的价值与优长，并以其独特的生存方式学习它、传承它、弘扬它，以在全球化时代真正重构中华文明的现代知识体系与话语体系，实现中华民族的伟大复兴。我们认为，这需要我们的教育为其打底，打下民族文化自信的坚实的底子。那么，就从我们一堂一堂的语文课开始吧。

如何构建
古诗文教学课程

　　古诗词热潮的到来引发了我对语文教学中的一个问题的深入思考，那就是怎样才能保证古诗文教学的有效性。很显然，如果不能摆脱应试教育的思维，依然走在很长时间以来所形成的应试路子上，依然是考什么就教什么，将古诗文教学变成古代汉语语言知识的教学，是不可能真正取得效果的。在我看来，要保证古诗文教学的有效性，就一定要回到古诗文教学之中，倡导言文合一、以文化言的教学，即以诗思文脉为教学脉络，关注经典诗文语言及其背后的生命现象与文化逻辑，以两者共构而成的诗意文心为教学旨归。

　　要实现这样的教学，我认为要有三个支点。

一、热爱的激荡

　　没有热爱就没有教育。同样，没有对古诗文的热爱也就没有古诗文的教育。因此，作为语文教师，自己一定要有对古诗文的持久热爱。以教师自己的热爱激荡学生的心灵，点燃学生的热爱。

复旦附中语文组之所以能在应试教育的包围中十几年坚持探索、实践古诗文教学，其中一个重要原因就是这里的教师都热爱古诗文。十年间，几乎每位教师都开设过古诗文教学公开研讨课，累计100余节；语文组还分别与上海市教委教研室、上海市古典文学学会、复旦大学中国古代文学研究中心和上海市社联等单位合作，举办了"探寻诗歌文本的'核'"研讨、"古典文学研究与中学古诗文教学"研讨和"传译中华传统文化优秀基因"学术论坛等活动；全组教师都参与了校本教材《中国人》和《中华古诗文阅读》的编写，9位教师参加了《中华根文化·中学生读本》的编注，十多人次以古诗文课堂教学或研究获得市级语文教学评比或论文评比奖励；2016年在工作非常繁重的情况下，十多位教师参加了上海市教委组织的首批中学慕课的制作，完成了《中国人》系列课程。

当我们语文组的老师都有了对古诗文的深爱时，就形成了一种热烈的氛围进而感染学生，形成了一种有磁性的场域进而吸引学生，形成了一种不断生长的能量进而推动学生的成长。

没有发自心底的对古诗文的热爱，就不可能产生有效的古诗文教育。如果教师带着对古诗文的饱满热情和不竭激情走进教室，那他的每一个教学行为就都可能有这样或那样的传统文化的基因显现，随着课堂的展开而飞扬于学生的眉睫，流布于学生的心间。

二、发现的引领

教育的魅力在于持续不断地引导学生发现陌生、发现世界、发现自我。这样的发现会使学生不断地在惊奇中新生，在感怀中成长。这也就是古人所说的"开蒙养正"。

对于古诗文教育而言，其关键就是关注"文化原点"的落实，关注"经典元素"的构成求证与复现、复活。这样的教学之路，其实就是古典诗文经典性的探求与发现之旅，如行山阴之路，美不胜收。学生如果能走在这样的发现之旅中，就会一直有惊奇之感与惊喜之获，而逐步抵达古诗文的腹地。

要完成这样的教学，就要有下面几个"尽可能"的落实：

尽可能还原古诗文产生的历史情境，回到"历史现场"。胡适说："应该把《三百篇》还给西周、东周之间的无名诗人，把《古乐府》还给汉魏六朝的无名诗人，把唐诗还给唐，把词还给五代两宋，把小曲杂剧还给元朝，把明、清的小说还给明、清。"这是值得我们重视的。

尽可能还原作家的创作心境与文化逻辑，回到作家诗性的生活之中。经典是作家心灵的密码，是作家灵魂的栖息地。诗文创作的过程就是作家精神漫游的过程，就是作家诗性的生活方式。如果不能还原作家的创作心境和文化逻辑，就很难真正进入诗文，享受诗文之善心美意。

尽可能关注"这一"文本的特征。经典文本的内容与形式总是紧密相连的，我们要尽可能地让学生读出这样的味道——只有

"这样的"结章、造语、用词，才能表达"这样的"内容；"这样的"内容，必须用"这样的"结章、造语、用词才能表达。

尽可能帮助学生解决两个问题：因他们的"文化高度"不够而不能达到的理解高度；因他们具有的"前理解"而形成的需要掀去的种种"遮蔽"，即"先见之蔽"。后一点尤其值得关注。

关于"前理解"，海德格尔曾有一个经典解释："把某某东西作为某某东西加以解释，这在本质上是通过先行具有、先行见到与先行掌握来起作用的。""前理解"是学生学习一个新文本的学养基础。一方面，它是学生产生见解的重要前提，特别是有个性的"前理解"往往具有独到的慧眼，能"见"别人"见"不到的意味；另一方面，它又可能限定、遮蔽"见"的其他可能性。从目前学生的学习看，因应试养成了很强的被动学习心理，他们往往不会深究也不愿深究一些问题，多具有"懒汉"思维特征；同时，受"自以为是"风气的影响，他们往往又不能谦虚地"倾听"文本中作者的心声，而常常用自己的"前理解"很轻松地"理解"作者，还美其名曰"见仁见智"。这样，"前理解"往往成了学生进入文本的障碍。因此，作为教师，我们要看到这样的"障碍"，并通过努力为学生扫除这种"障碍"，从而引导他们深入文本、理解文本、读懂文本，建立新的"文化高度"。

如荀子《劝学》的教学，开篇的"青，取之于蓝，而青于蓝；冰，水为之，而寒于水"就是一个挑战。学生似乎早已懂得这个句子，但实际上并未真正理解。其"历史现场"是什么？简单地说，就是荀子作为儒家传人对"君子之学也，以美其身"的阐释——学习是使学习者美起来，不停止的学习就是使学习者美为君子。其创作心境与文化逻辑是什么？简单地说，就是君子收获学习之果的喜悦心境和"学以成人""约以成人"的修身的必然性。在这样的文化逻辑中，追问"取"和"为"的意思，学生就能感知"提纯"与"凝聚"的意味，明白学习的过程就是生命"提纯"与"凝聚"的过程，就是不断去粗取精、去芜聚神的过程，就是生命不断跃进、不断提升的过程。学习使生命在改变中发展。总的来说，这就是荀子所秉持的君子文化逻辑——君子之所以为君子的文化逻辑。

又如陶渊明《饮酒》的教学，"采菊东篱下，悠然见南山"，许多学生早已了然于心，高中的教学能不能在学习已知的基础上有所发现？倘若没有，学生就会觉得无趣无聊。我们如果只是讲一讲诗中"无我之境"的知识，就没有新的生命发现。倘若我们能还原陶渊明创作的文化逻辑，我们就能引领学生获得崭新的启示。陶渊明为何能在"车马喧"嚣的"人境"做到"采菊东篱下，悠然见南山"？因为他"心远"，因为他的"心"住在自己用对生命力的理解所结成的生命之"庐"中，也就是说他住在自己的"心庐"中。在这样的引导之下，当我要求学生用两个字来概括陶渊明的诗意时，几乎所有学生都可以用"心庐"来回答。再让他们扩展讨论，他们就完全读懂了"心庐"的生命要义：无论外界有多么喧嚣与嘈杂，只要我有坚固的"心庐"，就可以独立于世界之外，就可以有安静的内心与平和的睡眠。因此，人因"心庐"而安享生命之幸福。这其实也就是真正的隐士文化心理。当我们还原了陶渊明作诗产生的隐士文化心理，引领学生用"我"心去悟陶潜之心时，他们就都会有生命的跃动。

我想，没有学生会在这样的生命还原中拒绝与古人的生命联通，产生自我生命的跃动。他们一定会在这样的联通中获得生命的启示，产生自我生命的智慧。所以，当我们的教学真正有了因还原而产生的发现时，那一篇篇经典古诗文的"真意"的显现就会变成学生的生命发现，学生就会有惊异之感，有喜获之乐。而这样的发现，也就是不断掀开生命遮蔽的过程，是去除"先见之蔽"而走向新的"文化高度"的过程。

三、课程的保证

有了热情，有了发现，还要有系统性的课程来保证高标准的古诗文教学。复旦附中在语文课程设置上积极探索，现在已形成了一套较为成熟的课程体系，由必修、选修和辅修（荣誉课程）组成。

必修——《中华古诗文阅读》（6 册），与课本相结合教学。

选修——《中国人》15 篇，分为 4 个短课程：① 1～5 篇为选修中的必修，20 课时；② 6～9 篇为选修，10 课时；③ 10～12 篇为选修，10 课时；④ 13～15 篇为选修，10 课时。

辅修（荣誉课程）——向学生推荐《中华根文化·中学生读本》（15 种），或作为学生学习《中国人》时辅修之用，或作为学生学习《中华古诗文阅读》时研修之用，或作为学生荣誉课程的专项研修之用。

由上述三种课程构成的课程体系，保证了中华古诗文教学的系统性，比较全面地将中华优秀传统文化的核心部分落实到学生日常的学习过程中，因而也较好地保证了学生学习的有效性。

古诗文的系统性学习就是建立文化史的概念。自先秦至晚清，中华古诗文上下几千年，是一个巨大的历史时空。从文学发生、发展的角度看，具有鲜明的文化层累特征。因此，建立文化史概念，是学好古诗文的一个重要策略。以"史"为线索，精选精读，"溯洄从之""溯游从之"，使所学的那个"点"或那一"层"与之前、之后产生关联，识其形貌，明其心性，得其真理，融会贯通。

如何构建
"东方经典东西方对读"课程

　　进入 21 世纪 10 年代后，越来越觉察到语文教育的困难，原因之一在于学生整体上对古典文化的隔膜日益加深，无论是东方文化还是西方文化。为什么会这样呢？总体而言，是由学生生长的文化环境基本上属于"现代""后现代"的"碎片化文明"组接而成的"文明境域"造成的。我喜欢用一个比喻来说明这一点：学生们都知道唐三彩是珍品，但由于没有真正见过完整的唐三彩，更没有真正"研究"过唐三彩，所以常常将某块"唐三彩碎片"当成唐三彩本身。而"唐三彩碎片"是锋利的、具有伤害性的，把玩越久，伤害就会越大。

　　人类古典文明构成了人类文明的基本形态，政治、经济、军事，个人、家庭、群族……东西方尽管有诸多差异，但基本信念一致，如爱的信念、公平的交往原则、嫉恶如仇的心理、探求真理的天性……正是这些基本信念，使得人类有了同理心与共情感，有了互信互爱互利，有了"共和"理想，有了"大同"理想，有了"命运共同体"认知。正是在这些基本信念的支持下，东西方几乎在差不多的时间里，诞生了老子（约公元前571—前471）、释迦牟尼（约公元前565—前486年）、孔子（公元前551—前479）、苏格拉底（公元前469—前399）、亚里士多德（公元前384—前322）、以色列先知等一大批圣人。他们各自创立的思想体系，共同构筑了人类文明的精神基石，构成了人类文明的大逻辑。

当代基础语文教育当然不可能等同于人类古典文明教育，但人类古典文明教育一定是当代基础语文教育的重要内容，甚至是基础语文教育的基石。因此，如何消除学生对东西方古典文化的隔膜，引导学生进入到古典文化的深处，应当是当代语文教育必须面对、必须解决的核心问题。

正是基于这样的思考，自2009年开始，我们在教育设计中增设了"中国人"与"外国人"两门相对应的课程。

"中国人"由"儒家的理想人""墨家的理想人""道家的理想人""法家的理想人""释家的理想人""魏晋时期'觉醒'的人""儒道合流的人""儒道释合流的人""明代寻找真我的人""近代寻求真理的人""现代寻求'解放'的人""当代'走向世界'的人""传说人物""神话人物""侠义英雄"15个单元构成。

"中国人"教育的主要目的是引导学生认识在本民族发展进程中产生过重大影响的民族文化人物，进而认识自己的来路，产生"根扎于大地"的理性力量，而不至于彷徨无依，不至于盲目跟风，不至于妄自菲薄。

"外国人"由 7 部分组成:"古希腊神话人物""《圣经》中的神""歌唱'神曲'的人""导引'理性'的人""呼唤'人道'的人""从尼采到萨特""从卡夫卡到昆德拉"。

在"外国人"的教学中,我们尤其关注伏尔泰、雨果、托尔斯泰、卡夫卡、黑塞等文化名人对中国文化的呼应,关注西方人对中国道家思想的接受史。这样的教学引导学生在认识他人的同时,学会用比照的方式更正确地理解自我与他人,构建与他人的和谐关系。

我们期待这样的课程与 3 年的《论语》研读等课程一起,能引导学生构建一个较为完整的人类文化大逻辑,对以"个人主义"为"第一语言"的学生具有长善救失的功能,对被"文明的碎片"伤害的学生有一定的疗治作用。

但不得不说,"中国人"与"外国人"这两门课程虽然现在还在推进中,但因涉及内容较多等原因,确实无法得到完全落实,因此难以达到整体教育效果。

因此,几年前我就开始构思"东方经典东西方对读"课程,聚焦《论语》《老子》《庄子》这三部经典的东西对读,将其融入日常语文课程之中。

"东方经典东西方对读"课程将在高一、高二两个学年中展开,高一学年聚焦"《论语》东西方对读",高二学年第一学期聚焦"《老子》东西方对读",第二学期聚焦"《庄子》东西方对读"。

我们期待"东方经典东西方对读"课程,能帮助学生在基础教育阶段更好地建立起一个较为完善的人类文明大逻辑。在这个大逻辑中，不只有"现代""后现代"的怀疑与解构，而更有"古典"与"现代"相融相会的精彩重构；不只有东方文明或西方文明的一极偏斜，而更有东方文明和西方文明两极相融相会的自我新生。这样，当学生在古与今、东与西的宏阔时空中自由驰骋时，他们就一定是一个自由的人。

如何开展"过程写作"

　　我认为,高中三年的写作是一个完整的过程。这个过程做好了,每一道作文题都认真思考与表达了,高考取得好成绩是自然而然的结果。

　　我追求的"过程写作"是推进学生生命成长的写作,因此写作过程与学生生命成长过程融为一体。学生用心经历的这个过程,一定会成为自己生命成长的一个重要过程。

　　我将这个过程的每一步都看作一个生日,谓之:"一次作文,一个生日。"

　　这个过程设计与完成的难度,除了学生自始至终要相信这个过程的意义并用心追求以外,老师每一道题目的设计与讲评也极其重要。题目设计与讲评要紧贴学生成长的精神生长线,使其写作能真正助推自身精神的成长,唤醒并促进自身文化生命的发展。

"这天"藏在哪里？

——《12月10日这天》讲评示例

一、教学设想

受各种因素的影响，学生作文长期以来都存在假大空的现象。怎么办？我期待学生在我的课堂上能有所改变。于是想到了"×月×日这天"这个题目。

不是9月1日，不是9月10日，不是国庆节，不是中秋节，什么特殊的日子都不是，学生们拿着这个题目会感受到很强的冲击力：惯常的思路与想法在这个题目面前失效了！从小学二年级就开始写作的"最有意义的一天"的"公共意义"一下子找不到了！

它需要学生从一个平常的日子中发现自己生活的印记，由此去寻找个体生命最平凡一天的"私我意义"。

这个题目引导学生自觉地体认自我生命的每一天，珍视生命的每一天，从而能够带着更真诚、更赤诚的心去学习与生活，并由此去认识作文与自我生命在情感、思想等方面的深度关联。

这个题目更是提醒学生，进入高中后，许多东西需要重新审视。15年的生活，其中9年的小学、初中学习，已经"被遮蔽"了许多，看世界的眼睛的一角早已被一些东西遮挡住了，因此不仅要将其掀开，还要时时保持警惕，不被重新遮蔽。

同时，这个题目在写作技能训练方面，也可以很好地从描写、叙述等角度观测学生初中作文的基础，为高中作文技能训练寻找更合适的方略。

所以，20多年来，我以此题作为学生进入高中阶段作文学习的起点。

2014年12月上海举办"讲台上的名师"活动，我的任务之一是上一节作文课。因为是全市性的展示活动，且借班上课，我就将这个传统题目改为"12月10日这天"让学生来写，期待通过写作与讲评，将自己对作文的这一点想法传递给学生与观课的教师。

批改完习作后，我挑选了3篇具有代表意义的习作作为讲评的主要材料，并确立了这样的教学目标：

（1）引导学生体察生命中每一个"平凡"日子的意义。

（2）引导学生认识作文内容与作文题目的必然联系。

二、课堂实录

授课时间：2014年12月25日上午9：00—9：45

授课班级：上海市杨浦高级中学高一（11）班

（说明：本实录是课堂的主要部分，省略号处省略了课堂的一些讨论环节。）

（一）导入

师：同学们，今天是几号？

生：25号。

师：12月11号，我们写了一篇作文，叫什么？

生：《12月10日这天》。

师：写完这篇作文以后，你们知道我是一种什么心情吗？非常想念大家，一直想到昨天，特别想去见同学们，但还是没去见。为什么？想留下一点新鲜感。有没有新鲜感？

生：有。（笑声。）

师：有啊？你们见到我的新鲜感是什么，暂且不表，回去写随笔，那时我再读，行吗？

师：今天我们谈这个题目"12月10日这天"。拿到这个题目的时候，你有没有新鲜感？你有什么样的想法？哪个同学先说说？回忆一下。

（二）师生共议本次作文题目的命意

生：第一次看到这个题目的时候，有一种在写日记的错觉。一般写作文的时候，题目都是有一个中心思想的。题目给我的感觉都是一成不变的。看到这个题目的时候，想到的就是写一篇日记，写那一天的东西,而且还是这样一个具体日子。所以不知道怎么写，写什么。

师：你写日记吗？

生：写的。

师：那有什么区别吗？

生：我觉得还是有的。

师：那你后来怎么写的？

生：因为12月10日这天是我一个非常重要的朋友的生日，所以就借这个题目去怀念他，写跟他以前的那些故事。

师：是12月10日？

生：是12月10日。

师：真的？

生：真的是12月10日。（笑声。）

师：为什么我会问这个问题，知道吗？我们写这个题目，有很多同学写在 12 月 10 日做什么事。过生日！（笑声。）你叫什么名字？

生：×××。

师：啊，×××。你写得很长，一页半，一千多字，是吧？好的，谢谢你。

师：还有哪个同学来谈谈，你怎么想的？你怎么构思的？还有吗？好吧，同桌，来。

生：我先谈谈我自己怎么写的。我是按照我年龄的发展来写的。就是我刚进小学的时候，12 月 10 日那个时候我还是比较内向的。

师：你稍等，你叫什么名字？

生：我叫 ×××。

师：你当时写的是，从小学开始。

生：可能后来经过老师给我的一点点历练，作一些发言啊，或者是写些演讲稿啊，就一点点融入同学中。进入初中之后，性格就稍微开朗了一些。现在进入高中以后，在举办的各种活动中，我都会发言。12 月 10 日怎么说呢，记录了我的成长历程吧。

师：那么你那篇文章的内容跟 12 月 10 日有什么关联呢？

生：就是 12 月 10 日，保存了我一些成长的回忆，记录了我从一个内向的小男孩变成了性格开朗的高中生。

师：有没有一些特殊的印记？

生：因为都是在冬天嘛，对吧，它们都有共性。（笑声。）

师：好的，请坐。刚刚两位同学谈了一下他们当时的想法，有一点纳闷作文题目怎么能这么出呢。我还读到了一个姓季的同学的作文，叫季什么？

生：季××。

师：对，×××同学，他的作文里面提到，这个作文题目太疯狂了，太震撼了。你当时怎么想的？（笑声。）

生：当时一开始，脑子一片空白，想不到怎么写。

师：后来还是写完了，那你写了什么？

生：就是把最近的一些事情写了下来。

师：好的，请坐。我们读完同学们三十多篇作文后的感受，跟刚才同学们谈的感受差不多，很吻合。这个作文题目，大家看看，"12月10日这天"，你们写完之后，对这个"这"字有没有过思考？

师：有就有，没有就没有。

生：没有。

师：没有啊？学与思，怎么不统一起来呢？我知道你们太忙了，没有时间再去思考，一天一天就这样过去了。因此我们今天还是要一起来思考思考这个"这"字。"12月10日"可不可以作题目？可以。为什么要加"这天"？现在我们思考，我们不加"这天"和加"这天"有没有区别？如果没有区别，我加它做什么？哪个同学先来？

生：我觉得加了"这天"的"这"字就……

师：就怎么样？我们理解一个词语，是不是先从这个词语的本身出发。试试看。这个"这"是个什么词？

……

215

生：强调它的特殊性。

师：强调它的特殊性，很好。大家开始思考这个问题了。如果我们把这个特殊性写出来了，12月10日就怎么样？就写出来了。是这样吗？那么你们觉得你们当时把12月10日的特殊性写出来了吗？

生：我觉得我应该写出来了。（笑声。）

……

师：哦，请坐。我想起这篇作文了。他写的是，倡议在12月10日这天远离电子产品，叫"家庭远离电子产品日"。我读了以后，觉得很新鲜。大家看，"这天"确实是很有特殊性的。那么它到底特殊在哪个地方呢？如果找到它，也许我们就能把这篇作文写好了。所以，还有必要进一步探讨一下，他讲的这个，他们几个人讲的这些，是不是就是它的特殊性。所以，我们看，要思考一下（投影）——

平凡的"这天"藏在哪里？

师：通过思考这个问题，我们找到这个题目要写的必然内容（投影）——

认识写作内容与写作题目的必然联系，突破"套题"思维。

（三）结合例文引导学生认识作文题目与作文内容的必然联系

师：这次作文，有些同学写得很棒，但是不容忽视的问题就是"套题"的存在。通过这一堂课，希望同学们在这方面有所思考。

师：我们先来读第一篇例文，读完以后，谈谈自己的感受。

生：这篇文章给我的主要感觉是比较朴实，感情真实，就像我自己经历的事情那样，最重要的一点就是没有套题的感觉。

师：真实。

生：对。

……

师：可以再思考一下。我们刚才的问题是："这天"藏在哪里？"这天"有什么特殊性？我们从这个角度来看，这篇文章有没有写出"这天"的特殊性？有的同学在摇头，有的同学在点头。我请摇头的同学先说。

生：我觉得没有特殊性。因为文章开头说12月10号这天是平凡的，结尾又说"我睡着了"，感觉这一天就跟平常的一天一样，并没有突出这一天的特殊性。我不能质疑它的真实性，我们那一天的确是在考试。我觉得，"这天"还是比较平淡的，并不是特殊的。

师：平淡，并不特殊，这是你的观点。那我找一位点头的同学。

生："这天"虽说是个很特殊的日子，但我觉得每年365个日子都是很平凡的。12月10日和365天的其他日子一样，应该说我们每天都在机械地生活，每天都像轮回一样，就像开头说的，每天六点半醒，最后睡着，过得都是一样的。他说的，其实就是每天都是平凡的。

师：好的，请坐。这两种观点，一种说太平凡了，没有特殊性；另一种说它就是这样平凡的，这就是它的什么？特殊性。这里我想跟同学们说，有位作家说，如果你能够把无聊写得无聊，把平凡写得平凡，把大胆写得大胆，把勇敢写得勇敢，把怯弱写得怯弱，你的文章就成功了。我们要为刚才这位同学鼓掌。(掌声。)

师(转向文章的作者):也要为你鼓掌,因为你坚持了长期以来我们对一个日子的特殊性的认知。我们从小学开始写作文,写"有意义的一天"。我们总是寻找那一天的意义,那么哪一天没有意义呢?我想问问同学们:那个"意义"就是它的什么?

生(齐):特殊性。

师:对,就是它的特殊性。

师:通过这个问题,我希望带给同学们一个思考,就是人的生命的每一天都有意义。不要光说 10 月 1 日才有意义,当然 10 月 1 日有特殊的意义;不要光说 9 月 10 日才有特殊的意义。除了 10 月 1 日、9 月 1 日、9 月 10 日,其他日子也有特殊的意义。

师(指向投影"平凡的'这天'藏在哪里?""认识写作内容与写作题目的必然联系"):找到了它,我们就找到了写作内容与这个题目的必然联系。所以我们来看一下,体验一下,每一天,每一个细节都有意义(投影)——

一次呼吸、一次律动、一粒米饭、一根咸菜、一口粗茶、一举手、一投足、一凝视、一冥想、一提神、一泄气、一个微笑、一声叹息、一个哈欠、一个懒腰、一缕阳光、一缕清风、一滴雨露、一片落叶、一声汽笛……

师:你看,你能说哪个细节没有意义?很难说。我们来体验一下,深呼吸……吸气……不要呼……憋住……再憋住……憋不住了……吸气。憋气,如果憋不住再憋下去会怎么样?憋死了。所以,每一个细节都有意义,关键是要去体验。因此我们提出一个观点,叫"生命体验"（板书）。

师：这种体验，可以是从这里开始。但是正如你说的，还有那位同学说的，我们的体验也不能到此为止啊！我们还要作更深的生命体验。我们来看第二篇文章，看看这位同学是怎么写的。

师：同样地，大家圈一圈、画一画，用一句话表达你的感受。

师：好，哪位同学先来？×××你先来。第一篇作文是你的，现在你来谈谈同学的作文。

生：我觉得这篇作文是按照时间顺序来写的，从出生那一年写到现在，再想象很久很久以后。其实他的12月10日并不是很有特殊性的，它代表着每一个365天。

师：你觉得他这篇文章没有写出12月10日的特殊性，对吗？

生：对的。

师：那就是说它没有特殊性。你是这么认为的？它不及你的那一篇有特殊性？

生：也不是这么觉得。

师：好，这是你的看法。还有其他同学想表达吗？

生（文章的作者）：我拿到这个题目的时候整个人就蒙掉了，因为它和我写过的任何一篇应试作文不同，它是有局限性的。我思考了很久，想这一天一定要有它的特殊性。我觉得12月10日是一个代表，它是每一天的化身。在时间的长河里面，这一天可以代表我们的每一天。

师：所以说，你是把它看作每一天的代表，是吗？

生：对。

……

师：我们看一下（投影）——

如果×××同学的文章更多是表达一个自然生命体的存在感，那么×××同学的文章则是表达什么？

师：大家关注一下，我前面用了一个"自然生命体的存在"（板书：自然生命存在），我们吃饭，我们睡觉，我们上课。那么这个从他出生那年的 12 月 10 日，一直到他想象的未来 100 年的，到他 100 岁的 12 月 10 日，一直有一种什么东西在？我们把它和"自然"对应一下，能看到什么？

……

生（齐）：人生的真谛。

师：人生的真谛之前还有什么？可能还有丰硕的成果，功成名就吧。之后才是"人生的真谛"。这就是一个什么生命？你现在正在追求的文化生命。（笑声。）请坐。（板书：文化生命追求）

师：一种文化生命的思考、思索与追求，我们一天一天就像×××同学一样过去了，并不知道自己在干什么。

师（走向作者）：我想问一个问题，你为什么这么想？"我已嫁人，他可能是我不喜欢却要携手共度一生的人。"（笑声。）

师：你为什么不想得更真实一点、写得更真实一点呢？"或许我已嫁人，嫁了一个白马王子。"（笑声。）

师：你要跟我争辩？

生：我觉得这个不是特别现实。（笑声。）我的意思是童话里面的公主王子不是特别的现实。

师：你在憧憬美好人生，就要把这美好想象得怎样呢？想象得美好呀！（笑声。）

学生：但是这个不真实。（笑声。）

师：想象美好怎么不真实了？现实往往是怎样的？

生：残酷的。

师：但是现实也是怎样的？

生：美好的。

师：现实也是很美好的。你考上了杨浦高级中学就是美好的，怎么不美好呢？

生：挺好啊！

师：鼓掌！（掌声。）

师：把你的文章改一下。（笑声。）

师：如意的郎君、幸福的家庭，这是我们人生必需的。

……

师：因此我们要看下面这个问题（投影）——

在确证生命存在时，文章使用了哪些语言？这些语言有怎样的特点？为什么使用这样的语言？

师：这篇文章在确证生命存在时，使用了我们刚才所画的那些语言，这些语言既有肯定的语言，也有推测的语言，这种推测的语言在这里是准确的语言。我再提醒同学们：这种推测的语言在回忆的时候和展望的时候是不一样的。

师：回忆的时候因为历史已经写成了，所以它的方向是确定的，因此我给它取了一个名，叫"单向度推测"。展望的时候，它是有很多方向的，就像我们刚刚说的，可以选择自己不怎么满意的（郎君），但也可以选择一个很满意的（郎君），她有多种选择，所以是"多向度选择"，这就是准确。刚刚同学们提到的展望与回忆，这是两种重要的思维方式。我们总是说，想象和联想是一对文学的翅膀。那么回忆基本上是联想，展望基本上是想象。

师：不管同学们怎么看，我希望大家给这两位同学掌声，他们写出了这样的文章。（掌声。）

……

师：我们再看第三篇——如果说×××同学的文章更多是以时间为线索表达自我对生命意义的思考与追求，那么×××同学的文章则是以空间的转换来表达什么？

……

师：他同情，但无能为力。从这个角度来说，他其实是表达自我对自我之外的那些人物的观察、认识、理解。这里隐含了"我"对这个世界一些人物的同情、悲悯、仁爱等。非常遗憾，这样的作文很少，我们班只有一篇。

师：我们这次作文写下来在这一点上有所欠缺。12月10日这天，不只是"我"的，还是"他"的，是"你"的，是"我们大家"的，是整个"世界"的，是"我"和"12月10日这天"和"世界"的关联。并且，这种关联不只是2014年的，就像×××同学所写的，从前、现在、未来都是这样，我们可以说"思接千载"。不仅是杨浦高级中学的，也是全世界的，可以说是"视通万里"的。这样的话，"我""12月10日""世界"构成了"时空交织"的"重重不尽"的关系,这种"重重不尽"的关系对我们来说是非常重要的。当你思考到这些后,对这次作文就有了更深广的理解。但是我们只有一篇这样的作文,有一点遗憾。

(四)小结:突破"套题"思路,抒写"生命体验"(所见、所思、所感),回归"我手写我心"的真实写作

师:我还想说,这个图(投影)——

不仅仅是表达这一个意思,还希望能够引导同学们有更深的思考。思考什么?任何一个作文题都可以做这样多重的理解,不只是这样一个确定的主题,如果突破以前我们单一的思维方式,那么我们的写作可能会更有效。

师:因此,我想提醒同学们,不要套题,套题是一件很糟糕的事情(投影)——

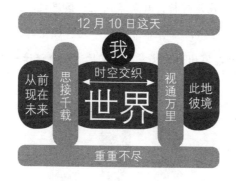

"套题"之哀

诱导去真求假,极大地损伤了学习的意义——做真人。

极大地损伤了语言发展,损伤了智慧发展。

诱导放弃积累、思考与实践，极大地损伤了学习之本。

师：它诱导我们去真求假，它伤害了我们教育的意义，它伤害了同学们的语言发展，甚至伤害了同学们的智慧发展。语言的发展和智慧的发展是同步的。有的同学很"聪明"，他用三五篇搞定了中考到高考的所有作文，但是他失去了发展语言和智慧的很好的手段。因为少年时期是语言发展的重要阶段，作文是发展语言的一条重要途径，但是他放弃了，所以我觉得非常遗憾。同时，"套题"也诱导同学们放弃积累、思考与实践，这恰恰是语文学习三个非常重要的内容。你"套题"了，你就不去积累了，你就不去思考了，你就不去实践了，这是不行的。回到这个作文题，如果你有积累，你有思考，你的作文就会不一样。我想再给大家看一个图（投影）——

师："酌"就是辨析，就是审问之、慎思之。最后在行动中知行合一。那么当你内心有非常多的学问、理论时，最后就会"心生而言立"，就能写出好的文章。大家把这几句话读一下（投影）——

笃行长智　酌理富才　积学储宝

心生而言立

（学生齐读。）

师：大家回去要修改自己的文章。我也写了一些评语，大家要根据课堂所讲和评语修改，并且要关注语言的准确度。

一切皆有"意义"

并非高远才有意义
近处亦有风景

并非宏大才有意义
微小处自有其精彩

并非特殊才有意义
平凡是生活的本相

一切皆可入文

师：临别了，给大家一个赠言吧。（笑声。）

师：你们喜欢人生若只如初见，但是我要强调人生怎只如初见！人生岂只如初见！我与世界重重不尽，我们要探寻！要惊讶！要发现！让人生永远新鲜如初！人生永远只如初见！同学们，再见！

三、教者感悟

我认为，中小学写作教学的终极目标不在应用文写作学习，不在各种写作技能训练，而在作为母语教育的重要组成部分，它必须完成母语教育的本质任务——人的成长教育，主要指向精神成长教育。因此，我针对高中学生三年写作教学设计的终极目标也自然指向高中学生的精神成长。也因此，我的每一个作文题的设计，它的起点与归宿，首先都是从是否能促进学生精神成长的角度去考量，而不是从是否能促进学生写作技能提升的角度考量。概而言之，我首先是从育人之"道"的角度思考写作教学，而不是从言语之"术"的角度思考，或者说是将写作技能训练融于写作内容的开掘之中，将言语之"术"融于育人之"道"的整体生成之中，引导学生在表达自我生命存在、发现与思考的时候，实现精神成长与作文成长的双丰收。

而要实现这样的写作教学目标，引导学生发现与表达自我生命的真实存在，将成为最关键的因素。本次作文教学，正是在这样的教育理念背景下展开的。我试图在引导学生析题与析文的过程中，尽可能使学生理解"认识真实""发现真实""表达真实"的重要性。

总的来说，这堂课大体实现了教学目标。如果要问最值得分享的感受是什么，那就是：选取的讲评作文的特征与教学目标的统一。这也是我多年写作讲评的心得。但也有不少遗憾：一是时间较紧，后半部分未能充分展开；二是临场处理问题多处过于拖沓；三是转承处多有生硬，机智感不强。

又及：本实录课堂是上海市教委举办的"讲台上的名师"大型教研活动的首堂语文课。"讲台上的名师"活动从 2014 年起，一直延续到了现在。（2021 年 11 月 28 日补记）

复旦附中学生的"过程写作"是由课堂写作、单元贯通写作、随笔写作三线贯穿铺就而成的，在此附上 2011 届、2014 届、2017 届、2020 届课堂写作题目，我自认为这些题目的写作，绝大多数是可以推动学生向精神高地前行的。绝大多数题目原来都有精彩的引言或很有意趣的材料——这从部分完整保留的题目中还能约略感觉得到。考虑到文章太长，这里就省略了这些内容，只保留 2017 届高三写作题目的完整形态，其他都只提取关键词来呈现。

附：复旦附中课堂写作题目

2020届高一年级课堂作文题目

题号	题目
第一题	9月6日这天
第二题	描述我与世界的三种关联
第三题	深秋的那一声问候（期中考试）
第四题	有一种色彩叫作___
第五题	绘声绘色描___
第六题	谈起"发现"，人们最先想到的通常是科学家的"科学发现"。其实，每个人都与"发现"息息相关。每个人都是在不断的"发现"中不断成长的，一次一次的"发现"使心灵日益丰富，思想日益丰盈，智慧之果日益丰硕。 请以"我发现了___"为题作文。 要求：在横线上填写你"发现"的具体内容，补全题目；描述你进入高中之后的一次最大的或最让自己动心的"发现"；不少于800字。
第七题	早春的气息
第八题	描述QQ或微信的三个特征
第九题	期中考试之前
第十题	行进在___的世界中

续表：

题号	题目
第十一题	阅读下面的材料，自选角度，自拟题目，完成一篇不少于800字的文章。 　　根据调查显示，一个人活到72岁，他的一生是这样度过的：睡觉20年，吃饭6年，生病3年，工作14年，读书3年，文体活动8年，饶舌4年，打电话1年，约会等人3年，旅行5年，梳妆打扮5年。
第十二题	法国作家、哲学家阿尔贝·加缪说："真正的艺术家什么都不蔑视，他们迫使自己去理解，而不是去评判。"英国思想家弗朗西斯·培根曾经说过，欣赏者心中有朝霞、露珠和常年盛开的花朵，漠视者冰结心城，四海枯竭，丛山荒芜。 　　阅读上述材料，你对此有何认识与感悟呢？请联系实际，自选角度，自拟题目，自定文体（诗歌除外），写一篇文章，不少于800字。（期末考试）

2020届高二年级课堂作文题目

题号	题目
第一题	前进的力量
第二题	人生的"进"与"止"受时间、地点、事件等各种因素的影响，但任何情境中总是有一种主导力量的。孔子说"进，吾往也""止，吾止也"。很显然，这里的"吾"字强调了"进"与"止"的主导力量是人自己。 　　你对此有何看法？请自拟题目作文，不少于800字。

续表:

题号	题目
第三题	有人说:"消费是 21 世纪人类建立的最为世俗化的宗教。它安抚过工业时代人们异化为螺丝钉的枯燥和宿命,同样也曾慰藉信息时代人们内心的孤独和无助,人工智能的早期应用竟然也是为了诱使用户在浏览网页时转化为更多的购买。" 你对此有什么看法?自拟题目作文,不少于 800 字。(期中考试)
第四题	请以"读书人的样子"为题作文。不少于 800 字。
第五题	诗人布可夫斯基在诗作《就像麻雀》中写道: 在流行年轻的时候,我老了。 在流行笑的时候,我哭了。 在本来无须太多勇气就能爱你的时候,我却恨你了。 读罢这几句诗,你有什么感受与想法?自拟题目作文,不少于 800 字。
第六题	有人撰文指出:"方便主义"普适于当下各个领域。在娱乐语境中,主要表现为既要满足娱乐刚需,也要践行爽文逻辑,二者互为因果。在这种思维笼罩下,"爽文演"即刚需:为了爽,故事逻辑可以忽略,夸张桥段可以任编。 你如何看待"爽文演"?请自选角度、自拟题目,写一篇 800 字左右的文章。(期末考试)

续表：

题号	题目
第七题	人类向自然学习，并常以自然来象喻自己。像我们学习过的《种树郭橐驼传》《病梅馆记》《"晨昏线"寓言》《包容一切的空气》《草莓》等文章，都具有象喻特征。它们在描述自然的同时，往往指向社会人生，特别是《包容一切的空气》一文，笔笔自然，处处人生。 请寻找一种自然现象（如平衡、反应、圆、抛物线……），通过描述，既揭示自然原理，又象喻社会人生。题目自拟，不少于 800 字。
第八题	网络生态的重要一态是话题讨论。互动百科曾有过这样一个讨论：如果给狗穿裤子，应该是给四条腿都穿上，还是只给后腿穿上呢？问题一出，立刻炸锅，迅疾引发各大网站网友热烈讨论，大家给出了很有意思的答案： "狗，并不想穿裤子。" "挡不住屁股的能叫裤子吗？" "没有遮住屁股的应该是流氓狗的穿法，第二种是绅士狗的穿法。" "果断两条腿啊，四条腿的显得没有腰而且还得系皮带。" "只想说，你们是工作不饱和还是作业太少？快滚去学习吧。" …… 你对网络上此类话题的讨论有何看法？请自拟题目作文，不少于 800 字。

续表：

题号	题目
第九题	曾有人撰文阐述人生困境（前提），题目为《我们渴望被懂，却努力孤独》。大意是说：有时候孤岛不是没有办法连成大陆。人不会是永恒的孤岛，只是还不知道如何发出讯号。请自选角度，自拟作文题目，不少于800字。（期中考试）
第十题	在谈到文学的当下意义时，有这样一种观点：我倒觉得文学是挺有用的，它让你很科学地打发时间，你可以精彩地骂人，你可以讲故事哄那些身处苦闷和绝望的人们，它给了你稿费和活下去的勇气。在功利主义时代，奢谈文学的用处却越来越艰难。 　　你怎样看待"文学在功利主义时代的用处"？请自选角度，自拟作文题目，不少于800字。
第十一题	读唐诗去
第十二题	有人在评价新片《哆啦A梦》时认为，哆啦A梦"和人类正在造的那些人工智能机器人差别还是很大的""人类有没有灵魂这件事还没有定论，哆啦A梦作为一个机器猫，已经在漫画设定里出现了灵魂"。 　　读罢上述材料，你有什么想法？请自选角度，自拟题目作文，不少于800字。

232

2020届高三年级课堂作文题目（2019.9—2020.6）

题号	题目
第一题	这个"大数据"时代，记忆技术越来越受到重视，从智能手机上的各类记忆技术，到智能手环等流行工具，都在改变着我们的记忆方式，也在改变着我们的生活方式。对此也有人担心，认为"大数据"时代，我们可能恰恰是要学会遗忘，学会删除。 　　你对此有何看法？请写一篇800字左右的文章，题目自拟。
第二题	有人说："人总是需要一个树洞。你能说一些话，你需要一些听众，你又不想听众太多。你需要一些存在感，你又不想自己这种愚蠢的企图被人指出来而显得难堪。人很矛盾，人因此而真实。" 　　你对此有何看法？请写一篇800字左右的文章，题目自拟。
第三题	国务院妇女儿童工作委员会办公室、国家统计局和联合国儿童基金会共同编辑完成的2018年版《中国儿童发展指标图集》中提到，2015年中国约有9560万儿童（0～17岁）不能与父母共同居住，超过儿童总人口的1/3，其中留守儿童6877万，农村留守儿童4051万。这近1亿的人口，长久地被"折叠"，被称为"隐形人口"。这些"隐形人口"关联着无数的"隐形问题"。 　　你认为最重要的"隐形问题"是什么问题？写一篇800字左右的文章，阐释这一问题，并试着提出解决的方案。

续表：

题号	题目
第四题	坐过飞机的人，多数都会看到这样的景象：飞机穿越云层后，上面就是阳光；再有云层，飞机再穿越，上面依然是阳光。无论云有几层，有多厚，只要穿越，上面就是阳光。 对此景象你有怎样的联想？请自拟题目，写一篇800字左右的文章。
第五题	社会调查数据显示："00后"最常用的10个APP分别是QQ、微信、微博、QQ音乐、天天酷跑、爱奇艺、bilibili、美拍、我的世界、淘宝。 对此你有怎样的认识？请根据以上材料，自选角度，自拟题目，写一篇不少于800字的文章。（杨浦区高三期中考试）
第六题	"化"，甲骨文写作 𣥐 ，由头朝上站立的"人"和头朝下的"人"会意而成，表示颠倒，指人由生到死（的过程）。"仙化""羽化""坐化"等词语中的"化"即是"化"字的本义，而"化生""化育""文化""教化""变化""化解"等词语中的"化"是"化"的引申义。 有人说，一个"化"字可解释整个世界。你怎么揭示"化"字呢？请以"说'化'"为题，写一篇不少于800字的文章。（提示：一定要有一个统摄全文的观点）

续表：

题号	题目
第七题	十多年前，哈佛教授桑斯坦在其著作《网络共和国——网络社会中的民主问题》的开篇中，生动地描述了"个人日报（Daily Me）"现象。他指出，在互联网时代，伴随网络技术的发达和网络信息的剧增，人们能够在海量的信息中随意选择自己关注的话题，完全可以根据自己的喜好定制报纸和杂志，每个人都拥有为自己量身定制一份"个人日报"的可能。今天，事实上很多人已经拥有了"个人日报"。是的，在今天，只要你愿意，你完全可以拥有一份"个人日报"。 　　你如何看待网络时代的"个人日报"？写一篇800字左右的文章，阐述你的观点。
第八题	美国人哈罗德·埃文斯等写的《他们创造了美国——从蒸汽机到搜索引擎：美国两个世纪历史上最著名的53位革新者》一书中，有3位"技术剽窃者"也跻身其中。他们分别是英国人塞缪尔·斯莱特、美国人弗朗西斯·卡波特·洛厄尔、美国人李·德·福瑞斯特。这3位"创造了美国"的人，他们也由"盗窃者"变成了"盗火者"。 　　塞缪尔·斯莱特从自己的祖国英国窃取当时最先进的纺织技术，在美国建起了第一家水力棉纺厂，成为第一个在美国建立工厂体制的人。弗朗西斯·卡波特·洛厄尔则以工业间谍角色，将英国动力机械纺织技术窃取到美国。李·德·福瑞斯特则是从德国人那里窃取关于"应答机"的创意并在技术上予以实现。

续表：

题号	题目
第八题	"他们也由'盗窃者'变成了'盗火者'。"你怎样理解这句话？请思考"'盗窃者'变成了'盗火者'"这一现象，选取一个角度，写一篇不少于800字的文章。
第九题	一本好书，我们往往先把它买下来，然后抛诸脑后；一首好诗，我们总是先把它收藏起来，然后再难想到细细地咀嚼它、品味它。我们似乎占有了很多东西，但是它们却从未真正丰富过我们的心灵。 你对这段话有怎样的认识？请自选角度、自拟题目，写一篇不少于800字的文章。
第十题	阅读下面的材料，写一篇文章。自选角度，自拟题目作文，每篇均不少于800字。 "喜憨儿"是心智障碍者的通称，包括自闭症、唐氏综合征、智力障碍、脑瘫等患者。曹军是一名十几岁"喜憨儿"的父亲。2015年夏天，曹军和9名"喜憨儿"的家长凑了100万元，创办了洗车中心。洗车中心配备有三个师傅、两个特教老师。普通洗车行一两个人就可以擦完一部车，但"喜憨儿"洗车中心至少要5个孩子洗一部车。目前，全国十多个城市开创了17家"喜憨儿"洗车中心。"喜憨儿"洗车中心的经营口号是："正常收费，谢绝小费。"

续表:

题号	题目
第十一题	"走自己的路，让别人说去吧！"人们常这样来表达自己坚定的信念。"天作孽，犹可违；自作孽，不可活。"人们也常这样来表达对自身的反省。 你怎样理解"自我肯定"与"自我否定"？请选取一个角度，写一篇800字左右的文章。
第十二题	《易经》第十五卦为"谦卦"，卦象为"地中（下）有山"。山是在地上的，《易经》却说地下有山。山是比地高的，却可以在地下，比地还低。你怎么理解"高"与"低"？自选角度，写一篇800字左右的文章。
第十三题	瓜棚上，南瓜、冬瓜、葫芦、丝瓜等，相互纠缠，难解难分，结成生命的共同体，但无论哪种瓜，都结出自己的果实，且都不缠绕自己的也不缠绕对方的果实。 这种现象给了你什么启示？请写一篇不少于800字的作文。
第十四题	新冠病毒肆虐全球几个月来，每天都有各种各样的说法充斥网络。人们对这种"病毒现象"的说法，让我们想起"坐井观天"的成语来。 请以"'坐井观天'再思考"为题作文，不少于800字。

续表:

题号	题目
第十五题	植物生长其实就是一种舒张与收缩运动——种子舒张为茎叶，茎叶收缩为花萼，花萼舒张为花朵，花朵收缩为花蕊，花蕊舒张为果实，果实收缩为种子。 　　植物生长的这种"舒张与收缩"运动,给了你什么启示? 请自选角度，自拟题目作文，不少于800字。
第十六题	法国当代哲学家皮埃尔·阿多在其所著的《别忘记生活——歌德与精神修炼的传统》中提及，人们正是在艺术之中并且通过艺术才能通往对生存的赞同，才能够对生活说"是"。 　　对此你有怎样的理解? 请自选角度，自拟题目作文，不少于800字。
第十七题	人类有一支已经灭绝的表亲，叫尼安德特人，他们和我们"智人"这一支有什么区别呢? 比如尼安德特人会说:"走! 到林子里去抓兔子吃。"而智人会说:"走! 到林子里去找仙女!" 　　你对这段话有怎样的认识? 请写一篇文章谈谈你的思考。

续表：

题号	题目
第十八题	生活垃圾、信息垃圾、知识垃圾；实物垃圾、精神垃圾；古代垃圾、现实垃圾……我们是垃圾的制造者，也是垃圾的消费者。垃圾包围了我们的生活。 怎样面对垃圾？你有怎样的思考？请选一个角度，写一篇不少于800字的文章。
第十九题	人类从早期的部落形态，发展到今天的"地球村"形态，有许多要素。请在"高铁""飞机""轮船""科技""艺术""文字"这些要素中选取一个，阐释其意义。题目自拟，不少于800字。
第二十题	阅读下面的材料作文，自拟题目，不少于800字。 人类几千年的道路，是在抗击各种天灾人祸中踏出来的：从一个部落对付一只猛兽，到一个民族对付一场灾难，到整个人类面临一场瘟疫，如鼠疫、SARS（严重急性呼吸综合征）、2019-nCoV（新冠病毒）……
第二十一题	阅读下面的材料作文，自拟题目，不少于800字。 无论谁死了，都是自己的一部分在死去，因为我包含在人类这个概念里，难解难分。
第二十二题	虞世南《蝉》中有名句："居高声自远，非是藉秋风。"曹雪芹《红楼梦》第七十回中有名句："好风频借力，送我上青云。"虞世南、曹雪芹的诗句启示我们思考"'自远'与'借力'"的问题。对此你有怎样的思考？ 请自拟题目，写一篇不少于800字的文章。（毕业考试题）

2017届高一、高二年级课堂作文题目

题号	高一题目	高二题目
第一题	9月4日这天	前进的力量
第二题	第一次走进复旦附中时	我们所追求的是卓越抑或只是一种鲜亮的平庸
第三题	我看见_____	让更大的命题盖过我们方寸前的忧虑和疑惑
第四题	冬夜的月色	"我是一世界是多"或"我是多世界是一"
第五题	冬至后的上海	笔尖与家园
第六题	鸟儿飞翔的姿态	从说到做
第七题	记我的一次纠结	"是"耶？"似"耶？
第八题	像_____一样生长	宁可不安己而移于他人哉？
第九题	我把（母亲、上海、祖国、世界、汉字、《论语》《诗经》、人生）比_____	跪拜在今天是否还有意义？
第十题	暮春时节	"天上一颗星"就是"地上一个人"？
第十一题	怎样度过"72年人生"？	人怎样被自我发现与完善？
第十二题	"我必须割舍的"或"我必须选择的"	独唱？合唱？

2017届高三年级课堂作文题目

题号	题目
第一题	中国式社交有一个重要特征：拉圈子，结识牛人。但不是每个人都喜欢这种方式，只因种种原因又必须应付。这种"被迫社交"在当下这个自媒体时代愈演愈烈，最突出的表现就是被迫入群。对此你有怎样的看法？自拟题目，写一篇不少于1000字的文章。
第二题	阅读下面的短文，自选角度自拟题目作文。 　　　　　　　　　　洞见 　　从前，有一个脾气很坏的男孩，他的爸爸给了他一袋钉子，告诉他每次发脾气或者跟别人吵架以后，就在院子的篱笆上钉一根钉子。第一天，男孩钉了37根钉子。以后的日子里，他慢慢学着控制自己的脾气，每天钉的钉子逐渐减少了。终于有一天，他一根钉子都没有钉。他高兴地把这件事告诉了爸爸。爸爸说："从今以后，如果你一天都没有发脾气，就可以从篱笆上拔掉一根钉子。"日子一天一天过去，最后，篱笆上的钉子被全部拔光了。爸爸带他来到篱笆边上，对他说："儿子，你做得很好，可是看看篱笆上的洞吧，它们永远也不可能恢复原来的样子了。你伤害了某个人，你就会在他心里留下伤口，像篱笆上的钉子洞一样……"

续表：

题号	题目
第三题	阅读下面的材料，自选角度，自拟题目，写一篇不少于800字的文章。 　　据美国学者斯图尔德·李·艾伦的著作《恶魔花园：禁忌食物的故事》披露，美籍华裔政治家、前美国驻华大使骆家辉（祖籍中国台山市水步镇长塘吉龙村，属移民美国第三代），上小学三年级时，因为喝了稀饭，吃了虾米，曾惨遭他的美国老师的殴打。
第四题	阅读下面的材料，自选角度，自拟题目，写一篇不少于800字的文章。 　　北京时间2016年8月6日上午，巴西演员费尔南达·蒙特内格罗和英国资深演员朱迪·丹奇联袂充当声优，在里约奥运会开幕式上朗诵巴西杰出诗人卡洛斯·德鲁蒙德·德·安德拉德的经典之作《花与恶心》： 　　被我的阶级和衣着所囚禁， 　　我一身白色走在灰白的街道上。 　　忧郁症和商品窥视着我。 　　我是否该继续走下去直到觉得恶心？ 　　我能不能赤手空拳地反抗？ 　　…… 　　我徒劳地试图对自己解释，墙壁是聋的。 　　在词语的皮肤下，有着暗号和代码。 　　……

续表:

题号	题目
第五题	心理学家马斯洛在概括"自我实现者"的特征时，提到了"善于独处"这点。请就此自拟题目，写一篇文章。(杨浦区期中考试题)
第六题	阅读下面的材料，自选角度，自拟题目作文，不少于800字。 　　《新周刊》新一期载文说：自媒体时代，各类"神回复"中，许多都是虚伪的，是可疑的，如"深度好文"："只有符合你'三观'的才是深度好文，只有符合你认知水平的才是深度好文，总而言之，你们全家都是深度好文。" 　　有作家曾撰文说：现在的语言普遍失重。而语言是有重量的，"比如'我爱你'，跟纪念碑似的得一点点建设，然后宣布建成，咣地一下站在那儿"。 　　作家毛尖在一篇影评中说："青春剧千篇一律的毛病就是……可以用一朵玫瑰的地方用了一千朵，可以用一个眼神的地方用了十把鼻涕"。
第七题	从古到今，"物"始终是个话题。管子曰，"君子使物，不为物使"。苏轼言："君子可以寓意于物，而不可以留意于物。寓意于物，虽微物足以为乐，虽尤物不足以为病；留意于物，虽微物足以为病，虽尤物不足以为乐。"主要意思是，君子可以将心意寄托于物，而不可把心意留滞于物。 　　请根据以上材料，自选角度，自拟题目，写一篇文章。

续表：

题号	题目
第八题	阅读下面的材料，自选角度，自拟题目作文，不少于800字。 世界"十大奢侈品"之说在网络盛传很久了—— 1. 生命的觉醒与开悟。 2. 一颗自由、喜悦、充满爱的心。 3. 走遍天下的气魄。 4. 回归自然。 5. 安稳而平和的睡眠。 6. 享受真正属于自己的空间和时间。 7. 彼此深爱的灵魂伴侣。 8. 任何时候都有真正懂你的人。 9. 身体健康，内心富有。 10. 感染并点燃他人的希望。
第九题	"女娲补天""夸父逐日""精卫填海""大禹治水"是中国古代的神话、传说故事。将这些故事并置，你发现了什么？据此写一篇不少于800字的文章。

续表：

题号	题目
第十题	阅读下面的材料，以"在自己身上克服这个时代"为题作文，不少于 800 字。 　　《新京报》2016 年度好书致敬礼上，"年度文学好书"被授予给《帕斯捷尔纳克传》。此书译者王嘎在答谢辞里说："本年度原创文学作品当中，不乏错失机缘的杰作。但它们不可能从阅读中淡出，而是各自存在；得益于这些优秀的文明成果，我们才更有理由'在自己身上克服这个时代'。" 　　帕斯捷尔纳克（1890—1960）是 20 世纪最伟大的苏联诗人之一，1958 年诺贝尔文学奖得主。他站在传统与现代的交界点上，以艺术家的心灵感知这一切，并以诗和散文的形式加以呈现，从而在现实生活中超越现实，在非自由中见证自由《日瓦戈医生》即是这种生命与艺术的传奇共同造就的独特结果。
第十一题	"空巢老人"的概念出现了许多年，现在又出现了"空巢青年"的概念。所谓"空巢青年"是指在大城市打拼的青年人，他们远离故乡、亲人，没有家庭生活。有人将这种生活状态总结为"无人问我粥可温，无人与我立黄昏"。 　　对此你有怎样的思考？自选角度，自拟题目作文，不少于 800 字。

续表：

题号	题目
第十二题	原创媒介理论家、加拿大的麦克卢汉曾预言，进入电子文明后，人类将重新部落化。如今，网络空间以"趣缘"聚合的各种"圈"，其数量恐怕早已超过了人类历史上因"血缘"繁衍的部落。这些"网络新部落"有着各自的生态系统和话语系统，彼此独立，又息息相通。每一天，每一小时，甚至每一分、每一秒，这些网络部落都在产生新话语，并且这些话语有着前所未有的繁殖力和流通力，如"宅"——"宅男""宅女""文艺宅""学术宅""技术宅"，如"萌"——"萌点""萌化""萌属性""卖萌"。 你怎样看待"网络新部落"？自选角度，自拟题目，写一篇不少于800字的文章。
第十三题	"90后"出生的人被称为"网生代"，从儿时起，互联网、数码产品、智能化等词汇就围绕在"网生代"身边。 作为"网生代"，请你联系实际，围绕"网络与我们的生活"这个话题，自选角度，自拟题目，写一篇不少于800字的文章。

2014届高一、高二、高三年级课堂作文题目

题号	高一题目	高二题目	高三题目
第一题	9月7日这天	要尊重常识	盲点
第二题	国权路上	少年是艺术的	情绪与理性

续表：

题号	高一题目	高二题目	高三题目
第三题	深秋的味道	关于语文学习的"爱恨情仇"	"有偿代课"之辨
第四题	有硬度的事物	自然之象与生活之理	"道德相对化"之辨
第五题	复旦附中老师或同学素描	莫言作品冷与热的思考	"纠结"之辨
第六题	看见	原来这就是我	别样的"赴死"
第七题	面对真实	"碎片化"与我	"儒"此"道"彼之辨
第八题	哦，语文	"粗俗"与我	时间都去哪儿了
第九题	视角	梦与秀	假如我一开始就改变……
第十题	国权路上的春天	表达与沉默	"野地"与"公园"之思
第十一题	怎样度过"72年人生"？	想象诗意地栖居	在斗争中前行
第十二题	我庆幸，我选择了	/	米谷与养气
第十三题	/	/	你毕业了——不只相信自己愿意相信的

2011届高一、高二、高三年级课堂作文题目

题号	高一题目	高二题目	高三题目
第一题	9月4日这天	论人生的自由状态	100人有100个价值观?
第二题	世界,早安	论毅力	沿着旧地图,找不到新大陆?
第三题	风的联想	论自我否定	见证
第四题	那一张脸	论时代中的我	"丢梦"?
第五题	记忆(或想象)中的三个片段	论远方的意义	怎样说"不"?
第六题	满眼都是	论哭泣	语文到底怎么了?
第七题	关于树的思考	论"爱"	洗钵去!吃茶去!
第八题	倾听一种声音	媒体与明星	水到渠成
第九题	在书城	我们有职业精神吗?	方法、道路与蒙蔽
第十题	人生与竞技场	兰花与修养	放下美丽
第十一题	怎样度过"72年人生"?	乌龟、爷爷与男孩	蝴蝶之谜
第十二题	阅读女性	谁怕谁啊!	你毕业了——一切都不会过去

图书在版编目（CIP）数据

唤醒生命的语文教育 / 黄荣华著. —长沙：湖南人民出版社，2023.3
ISBN 978-7-5561-3057-3

Ⅰ. ①唤⋯　Ⅱ. ①黄⋯　Ⅲ. ①中学语文课—教学研究　Ⅳ. ①G633.302

中国版本图书馆CIP数据核字（2022）第172081号

唤醒生命的语文教育
HUANXING SHENGMING DE YUWEN JIAOYU

著　　者：黄荣华
出版统筹：陈　实
监　　制：傅钦伟
产品经理：冯紫薇
责任编辑：张玉洁
责任校对：张命乔
特邀编辑：刘　艺
封面设计：许婷怡

出版发行：湖南人民出版社［http://www.hnppp.com］
地　　址：长沙市营盘东路3号　　邮　编：410005　　电　话：0731-82683357

印　　刷：长沙超峰印刷有限公司
版　　次：2023年3月第1版　　　　　　　印　　次：2023年3月第1次印刷
开　　本：880 mm×1230 mm　1/32　　　印　　张：8.75
字　　数：150千字
书　　号：ISBN 978-7-5561-3057-3
定　　价：52.00元

营销电话：0731-82683348（如发现印装质量问题请与出版社调换）